経理の一流、二流、三流

石川和男

はじめに

あなたは、このような不安を抱えていませんか？

- **AIに自分の仕事が奪われるのではないか？**
- **これからの経理職は何をやっていいか分からない**
- **今後求められる経理パーソンのスキルは何か**
- **リスキリング時代、どのような勉強方法がいいか**
- **自分は、経理として一流か、二流か、もしかして三流なのか**

終身雇用・年功序列が崩壊し、転職・副業・能力主義の時代になりました。会社の指示に従い、多少理不尽なことも我慢していれば、毎年給与は上がり昇進もしていた時代から、転職や副業は当たり前、能力によって給与や昇進が決まる時代になりました。

働き方改革によって、時間をかけてでも成果を出す時代から、限られた時間で成果を出す時代になりました。

さらにＣｈａｔＧＰＴはじめ、メタバース、ＤＡＯ（ダオ）などが登場し、ＡＩは劇的な進化を続けています。経理業務をしていても、会計ソフトはたえずアップデートされ、効率化、自動化が進んでいます。

どんな人でも不安になります。

しかし、安心してください。

本書を読めば、ＡＩ時代に生き残る戦略、そして経理の将来像、必要なスキルや、そのスキルを身につける勉強法などが分かります。またタイトルどおり、同じ業務でも一流か二流か三流かを認識することで、スキルアップ、キャリアアップ、その他大勢から抜け出す方法も分かります。

自己紹介が遅くなりました。石川和男と申します。

現在、建設会社に経理担当役員として勤めながら、税理士として開業し、簿記講師、大学講師、人材派遣会社など2社の取締役をしています。

私が、なぜこの本を書けるのか。

民間企業の経理を担当して30年。一般社員から係長、課長、部長、取締役と、それぞれの立場を体験し、現状起きている経理の問題も把握できています。

この期間に、就職、転勤、出向、退職、無職、パート、転職、副業、独立と多くの経験もしてきました。ブラック企業に勤めた時期や、無職になり妻の扶養に入って子どもの出産一時金で食いつないだこともあります。

税理士業務を行うことで経営者の資金繰りや財務状況の悩み以外にも、経営や人手不足問題、働き方改革関連法案の話などの相談に乗ることにより、AI時代、能力主義の現状を把握し、解決策を見出してきました。

講師業も20年以上続けています。専門学校では24歳から80歳までと幅広い受講生、大学では高校を卒業したばかりの新入生と接し、広い視野で困りごとの相談に乗ることができています。

私は、民間企業の経理担当、税理士、講師という3つの視点から、経理職の展望について分かりやすく解説できると自負しております。

この本が、あなたの不安を取りのぞくだけでなく、一流の経理パーソンになるために、少しでもお役に立てることがあれば、このうえない喜びです。

石川和男

もくじ

経理の一流、二流、三流

はじめに 4

Chapter 1 一流の「経理マインド」とは

仕事の定義
三流は、AIに経理の仕事を奪われ、
二流は、AIができない仕事をし、
一流は、何の仕事をする？ 20

新しい経理の役割
三流は、帳簿に記録をし、
二流は、試算表に集計し、
一流は、何をする？ 24

達成感
三流は、経理の仕事に達成感を得られず、
二流は、決算業務で見つけ、
一流は、何で見つける？ 30

利益と経費
三流は、経費を増やし、
二流は、経費を減らし、
一流は、どうする？ 34

マインド
三流は、人間関係で会社を辞め、
二流は、コミュニケーションをとることを頑張り、
一流は、何で解決する？
38

雑用
三流は、経理の仕事に卑屈になり、
二流は、裏方に徹し、
一流は、どうする？
42

仕入れ
三流は、経費のことを考えず、
二流は、大量購入で値引きしてもらい、
一流は、どうする？
46

費用対効果
三流は、無駄遣いをし、
二流は、経費を節約し、
一流は、何をする？
50

コミュニケーション
三流は、守秘義務を果たさず話し好き、
二流は、経理の手本の無口と言われ、
一流は、何をする？
54

Chapter 2

一流の「会計能力」とは

他動力
三流は、経理部だけで仕事をし、
二流は、他部署に出向き、
一流は、どこに行く？ 58

究極の会計
三流は、会計の今を把握し、
二流は、過去を確認し、
一流は、どうする？ 64

ビジョン
三流は、売上目標がなく、
二流は、売上目標を立て、
一流は、どうする？ 68

各利益
三流は、儲かったかを確認せず、
二流は、儲かっているかを確認し、
一流は、どこで確認する？ 73

Chapter
3

一流の「財務分析能力」とは

B／Sの本質
三流は、B／Sを具体的内容で認識し、
二流は、1年基準で認識し、
一流は、どこで確認する？
78

集中
三流は、他部署から何でも請負い、
二流は、午後にまとめて行い、
一流は、どうする？
84

数字
三流は、頑張れと言い、
二流は、方針を語り、
一流は、どうする？
88

利益の原因
三流は、取引先の状況を調べず、
二流は、黒字会社と取引し、
一流は、どうする？
94

比較
三流は、黒字で一安心し、
二流は、売上規模と利益額で比較し、
一流は、何で比較する？ 99

流動比率
三流は、取引の安全性を判断できず、
二流は、負債の額を見て判断し、
一流は、何を見る？ 103

自己資本比率
三流は、借入金の返済を考え、
二流は、調達源泉は自己資本を増やし、
一流は、どうする？ 109

最強分析
三流は、会社の業績を損益計算書で考え、
二流は、貸借対照表で考え、
一流は、何で考える？ 113

Chapter 4

一流の「企業会計ルール」とは

会計のルール
三流は、実務経験のみで判断し、
二流は、PL原則、BS原則も判断材料に入れ、
一流は、何で判断する？ 120

真実とは
三流は、会計処理に不安を覚え、
二流は、唯一無二の方法にこだわり、
一流は、どうする？ 124

正しい処理
三流は、仕訳を適当に行い、
二流は、借方、貸方に配慮し、
一流は、どうする？ 128

安全管理
三流は、利益を過大計上し、
二流は、資本取引と損益取引の区別ができず、
一流は、どうする？ 132

明瞭性
三流は、利害関係者に配慮せず、
二流は、勘定科目で処理し、
一流は、どうする？ 138

Chapter 5 一流の「デスクワーク術」とは

効率化
三流は、融資の申込書類をオリジナルで考え、
二流は、過去を真似し、
一流は、何をする？ 146

眠気防止
三流は、眠気防止のアイテムに頼り、
二流は、仮眠をとり、
一流は、何で解消する？ 150

賞罰
三流は、集中力が切れ、
二流は、小さなご褒美で解消し、
一流は、何で解消する？ 154

超整理
三流は、机の上に書類を積み上げ、
二流は、机を片づけ、
一流は、どうする？ 158

断捨離
三流は、決算書類の整理をせず、
二流は、段ボールに収納し、
一流は、どうする？ 162

Chapter 6

一流の「経理リーダー」とは

優先順位
三流は、コウラクエンな仕事をし、
二流は、重要で緊急な仕事をし、
一流は、何をする？ 167

細分化
三流は、申告期限を過ぎ、
二流は、ギリギリでミスをし、
一流は、どう対応する？ 172

決断力
三流は、動かず、
二流は、すぐ動き、
一流は、いつ動く？ 176

期限
三流は、遅くまで経理業務をし、
二流は、期限を決め、
一流は、どのように時間を使う？ 180

数字
三流は、連絡事項を抽象的に伝え、
二流は、数字で伝え、
一流は、何で伝える？ 186

マニュアル
三流は、簿記一巡の手続きを口頭で伝え、
二流は、マニュアルで伝え、
一流は、何で伝える？ 190

任せる
三流は、ミスを恫喝し（ブラック企業）、
二流は、ミスを指摘せず（ゆるブラック企業）、
一流は、どうする？ 194

PDCA
三流は、仕事の指示が不明瞭、
二流は、朝、指示をし、
一流は、どうする？ 198

やりがい
三流は、何もせず、
二流は、環境を変え、
一流は、どうする？ 202

Chapter
7

一流の「経理勉強術」とは

経営管理
三流は、提案せず、
二流は、経理的な側面から提案し、
一流は、どうする？
210

視点
三流は、虫の目だけで見て、
二流は、鳥の目も使い、
一流は、どうする？
214

資格の効果
三流は、資格試験を否定し、
二流は、簿記系の資格を取り、
一流は、どうする？
220

セミナー
三流は、値段で決め、
二流は、自分に合うテーマで選び、
一流は、どうする？
224

受講の心得
三流は、経理の勉強会に何となく参加し、
二流は、メモを取り、
一流は、どうする？ 228

認識力
三流は、難解な学術書を読むのをあきらめ、
二流は、熟読しようとし、
一流は、どうする？ 232

指導力
三流は、独学で勉強し、
二流は、先輩から学び、
一流は、どうする？ 236

おわりに 241

Chapter 1

一流の「経理マインド」とは

仕事の定義

三流は、ＡＩに経理の仕事を奪われ、二流は、ＡＩができない仕事をし、一流は、何の仕事をする？

経理の仕事は、AIに奪われるのか？

事務系の業務に従事しているビジネスパーソン。そのなかでも、経理の仕事は、税理士、行政書士、司法書士などの士業と並んで、**AI時代に消えていく職業**と予想されています。

手書きだった簿記一巡の流れも、仕訳さえ切れば、総勘定元帳へ自動転記され、試算表に集計される。

別表の計算に苦労した法人税や消費税の申告書が一瞬で作成できるようになる。

面倒な直接法のキャッシュ・フロー計算書も簡単に作成でき、資金繰りの予想も会計ソフトで、できてしまう。

ＡＩの進化とともに、自動化されていく仕事は年々増えてきています。

しかし、**すべての業務内容がＡＩに取って代わられるわけではありません。**

話は少し横道にそれますが、経理の仕事に限らず、ほかの仕事もＡＩに代替されてきています。しかし、すべての業務が取って代わられるわけではありません。

例えば、介護などの高齢者施設。料理、洗濯、清掃、そして病状の聴き取りまで、すべての業務をＡＩが行えるかもしれません。しかし、無人の施設なら味気なく、殺伐としたものになります。力仕事やデータ処理はＡＩに任せても、入居者の心のケアやコミュニケーションをとるのは人間が行うことで、安心安全かつ、血の通った介護ができるでしょう。

税理士業務も、確定申告や青色申告など提出する書類の作成は、ＡＩに任せることができても、税務や経営の相談、資金調達のコンサルタントは人間でなければできません。

銀行の窓口業務も大部分をＡＩが処理できても、クレーム対応や操作ができないときのトラブル対応は、人間のほうが迅速に対応できます。

このように、**仕事のすべてがＡＩに奪われるわけではありません。**

ＡＩに、仕事が奪われるか、奪われないかの「二元論」ではなく、業務によって今後は棲み分けが行われていくのです。

しかも、高齢者施設なら重労働、税理士や銀行業務なら書類作成というように、**大変だったり、危険だったり、面倒な仕事を、ＡＩが引き受けてくれる**ようになります。

経理業務も同じです。

仕訳さえ切れば、総勘定元帳、試算表、損益計算書、貸借対照表まで作れる時代になりました。消費税の軽減税率やインボイス制度にも対応。年々複雑化される会計処理を人の手で行っていたら、大変な労働時間になります。

これらの仕事を手放して、ＡＩにできない仕事をする。

手を動かす仕事から、頭を使う仕事へ。例えば、後述する管理会計や精度の高い資金繰りや損益分岐点売上高の計算などを行っていくのです。

さらに一流になれば、ＡＩを使いこなし、経理面から新たな仕事を生み出すなどのクリエイティブな仕事も行っていくことができます。

ＡＩによって仕事を奪われるのではなく、ＡＩのお陰で、時間を割かなければならない業務に集中することができるのです。

Most
Excellent
Accounting

一流は、AIを使いこなしさらにクリエイティブな仕事をする

今日から踏み出す第一歩

AIに任せられる仕事と、あなたしかできない仕事を分け、その分野に注力しよう。

新しい経理の役割

三流は、帳簿に記録をし、二流は、試算表に集計し、一流は、何をする？

帳簿への記録は、経理部なら必ず行う重要な仕事です。

そもそも、「帳簿に記録」の「簿」と「記」の字を取って、「簿記」というぐらいです。

取引が発生したら、仕訳帳と総勘定元帳に記録をしますね。

現役経理の方には「今さら」のお話ですが念のため、簿記上の取引は、一般の取引と少し異なり、**資産・負債・純資産・収益・費用の5項目が増えたり、減ったりすることを取引**といいます。

そのため、事務所を貸したり駐車場を借りる契約を結ぶだけ、商品を注文しただけでは、簿記上の取引にはなりません。収益や費用が発生していませんし、資産、負債などの増減もないからです。

一方、泥棒が入ったり、火災が起きても、一般には取引とはいいませんが、簿記上は取引になります。なぜなら、ガラスが割られ、ドアノブが壊されたら、修繕費という**費用が増加**します。事務所が火事になると建物や備品が焼失し、**資産が減少**するからです。

では、なぜ、これらが増減したら帳簿に記録するのか？

それは、企業を取り巻く利害関係者の皆様に、**「ウチの会社は、こういう状況ですよ」と報告するため**です。

もちろん、「儲かっていますよ」「借金だらけですよ」「貧乏暇なしですよ」と口頭で伝えるわけではありません。

貸借対照表で、資産、負債、純資産を明らかにします。

損益計算書で、収益から費用を差し引くことで、どれだけ儲かったのかを明らかにします。

そのためには、資産・負債・純資産・収益・費用が、増えたり減ったりする取引をひとつ残らず、帳簿に記録しておく必要があるのです。

パソコンが普及するまでは、すべて手書きで記録していました。

私が新卒で入社した平成3年（1991年）当時は、NECの表計算（ランプラン）、ワープロ（ランワード）などの簡単な表計算ソフトしかありませんでした。OA（オフィス・オートメーション）化という言葉も流行り、コンピュータを導入して業務を効率化することがスローガンでした。

さらに倉庫に保存されている昭和時代の決算書は、手書きで作成されていました。真っ直ぐきれいに整った数字、カンマの位置も正確で諸先輩方の苦労が分かります。

当時勤務していた会社では、決算時期は残業が当たり前。12月決算で、経理部は正月3が日しか休みが取れませんでした。

ただし、帳簿を手書きで作っていたため、記録はもちろんのこと、集計能力がつきました。**簿記一巡の流れを理解することができ、経営陣に説明することもできた**のです。

しかし、今は会計ソフトが主流です。

仕訳さえ入力すれば、総勘定元帳、試算表のみならず、現金出納帳や受取手形記入帳、商品有高帳など10種類以上ある補助簿も自動で作成されます。ソフトによっては、キャッシュ・フロー計算書まで自動で作成されます。

そのため、膨大な時間短縮になりました。


ただし、時間は短縮されましたが、それぞれの帳簿の意味が分からない、中身が分からない、人に伝えられない経理パーソンが増えました。


仕訳さえ入力すれば、記録、集計は、会計ソフトがすべてやってくれるのです。

記録、集計しかできない社員は要らなくなります。


それでは、すべての経理社員は要らなくなるのか？

前述しましたが、そんなことはありません。

あらゆる**帳簿から導き出された数字をもって、経営者に進言できる人は必要**とされます。


私は経理に配属されたとき、初めての上司に言われました。

「君は経営陣しか扱えないマル秘の数字まですべて見ることができる。さらに**経営陣より先にその数字を見ることができる**んだよ」と。

新入社員なのに、なんだか会社の中枢を担っているようで、嬉しい気持ちになったのを今でも覚えています。

今後も、ＡＩの進化によって、記録、集計する仕事は奪われていくでしょう。

しかし、**営業も、企画も、人事も、総務もできない、数字を通して会社全体の状況を知ることができるのは経理だけ**です。

このまま景気の波にのって営業を仕掛けるか、会社の危機なので資金繰りに走るか、設備投資に回すか、いち早く気がつき戦略を練り、経営陣に進言できるのは経理パーソンだけなのです。

今後は、戦略を経営者と語り合える経理パーソンが必要になります。

Most
Excellent
Accounting

一流は、数字をもって経営者に進言する

今日から
踏み出す
第一歩

あなたの、数字を読み分析をする能力が、会社の未来を救う。磨け。語れ。

達成感

三流は、経理の仕事に達成感を得られず、二流は、決算業務で見つけ、一流は、何で見つける？

経理業務とそのほかの業務との違いに、「達成感」があります。

営業部なら契約が取れたとき、製造部なら商品が完成したとき、工事部なら建物が完成したとき、販売部なら商品が売れたとき……

このように、経理以外の業務では何かを成し遂げたときに、その仕事をしていた達成感が、充実感とともにやってきます。

一方、経理業務では、その達成感が得られづらいのです。

仕訳入力や仮払い精算、領収書のチェックなどのほかに、打ち合わせや会議に追われ、隙間の時間でたまったメールの返信、書類箱にある書類を処理し、稟議書を回す。

成し遂げたという達成感より、**仕事に追われている焦りの感覚が強い**のです。なかなか達成感を得ることはできません。

では、本当に達成感のある仕事がないのかというと、年に一度の一大イベントがあります。

それは、**決算業務**です。

1年間の取引を集計した試算表に基づき、決算整理を行い、適正な期間損益を計算するために修正を行っていく。

現金の不一致や仕訳の修正、減価計算、貸倒引当金の設定、費用・収益の経過勘定項目、退職金の見積もり、預り金の内訳など、1年の集大成を行い、すべてをまとめて、税務署に提出したときの達成感は、計り知れません。

「さぁ、今日は飲むぞ！」「明日から休暇を取るぞ！」という気分になります。

達成感に満たされる瞬間です。

しかし、これも1年に1回です（ただし上場企業が投資家向けに業績や財務状況を開示する決算には1年に一度、決算期に行う本決算と、3カ月ごとに行う四半期決算がありま す）。

年に1回の達成感！　それでは少し寂しいですよね。
承認欲求も満たされません。そこで、経理の仕事をプロ意識高く行っているある知人は、普段の業務からも達成感を味わえるようにしているのです。

例えば、今日やろうとしていたタスクをすべてノートに書き出します。終わったタスクに赤丸をつけ、**すべてのタスクが赤丸で埋め尽くされると何とも言えない達成感**が味わえます。

これなら、年一度ではなく毎日達成感を得ることができます。決算業務に本格的に参加していない新入社員も日々の業務で達成感を見つけることができるのです。

経理の仕事は多岐にわたっています。
その仕事を追われるようにやっていたら、焦りだけを感じ達成感を持てません。
しかし、不思議なことに、ノート一箇所にやることをまとめ、それが終わるたびに赤丸をつけ、今日やる予定だったタスクがすべて赤丸で埋め尽くされたら、達成感に満たされるでしょう。

Most Excellent Accounting

一流は、今日やることをすべて終わらせて達成感を満たす！

今日から踏み出す第一歩

やることをすべてノートに書き出すことからはじめよう。

利益と経費

三流は、経費を増やし、二流は、経費を減らし、一流は、どうする？

利益が予想以上に出たとき、自動車や機械などの有形固定資産を買い替えたり、損金に算入できる経営者保険に入ったり、節税対策に取り組むことがあります。

しかし、永遠に利益が出るわけはなく、景気がよいときばかりではありません。利益が出たときこそ、節税対策はほどほどに、いざというときのために内部留保をして、お金を貯めておく必要があります。ムダなものを買ったり、高級なものを購入し出費を増やすことのないように注意しましょう。

会社にお金が残るのは、税金を納めた後なんです。

経費を増やして税金を少なくしても、残るお金も少なくなります。

百歩も二百歩も譲って利益が出ているならまだしも、借入金でお金が増えただけなのに、気が大きくなって無駄遣いをしてしまう経営者もいます。特に国や地方公共団体からの特別貸付だと、返済計画もあまくなってしまう傾向にあります。

借入金は、いつかは返さなければならないお金です。しかも利息の支払いというオマケつきです。

会社を守っていくためには、利益が出ていても抑えるべき経費を抑える。徹底的にムダを排除し、不要なものを購入していないかチェックをし、より多くの利益が出る状況にしておかなければなりません。

もちろん、何でもかんでも経費を減らせばいいというわけではありません。

例えば、人件費を削りすぎて必要な人材が転職し、生産性が下がってしまう。人数が少ないので1人当たりの残業時間も増え、逆に割増賃金で人件費が上がり、笑えない笑い話にならないよう注意する必要があります。

さらに、労働時間が増えた分、ミスも増え、お客様に迷惑をかけてしまう。事故の発生で多額な損害賠償を請求されるかもしれません。

福利厚生費を削って、会社の士気が下がってしまう。

広告宣伝費の削減により、商品のＰＲができず、売上が減少し、収益の計上ができなくなり、結果的に赤字に転落してしまう。

経理のプロとしてムダな経費を削減しつつ、必要なところには、お金をかける柔軟性が重要です。

さらに、時代の変化に合わせて、仕事のやり方をバージョンアップする。

前年の仕事より成果を上げていかなければ、会社は衰退します。

「前年と同じなら現状維持では？」と、あなたは思うかもしれません。しかし、前年と同じでは衰退していくのです。

例えば、さきほどの人件費。社員が１００人いて、入れ替わりなく1年経てば、１００人分の昇給分が人件費に加算されます。黙っていても、前年より経費は増えるのです。成果が同じなら、人件費の増加分だけ費用が増えるため、利益は減ります。

ＡＩが発達していく時代だからこそ、ＡＩに任せるものは任せる。そのうえで、新たな方針を策定したり、未来のために必要な投資を検討したり、組織の意識改革を目指したりするなど、**経理面から、現場とは異なる仕事を生み出すことが今後は必要**になります。

経費は増やすのではなく、減らしていく。仕事のムダを減らし、新たな仕事を創造する。

一流の経理パーソンになるためには、経費を減らし、さらに新たな仕事を生み出していく必要があります。

Most
Excellent
Accounting

一流は、ムダな仕事を減らして新たな仕事を生み出していく

今日から
踏み出す
第一歩

過去５年分の経費を洗い出し
ムダがないかチェックしよう。

マインド

三流は、人間関係で会社を辞め、二流は、コミュニケーションをとることを頑張り、一流は、何で解決する？

私が新卒で入社したのが平成3年（1991年）。いろいろなアンケート結果がありますが、当時も今も変わらず会社を辞める**一番の原因は、「人間関係」**だと思っています。

私が最初の会社を辞めた原因も、人間関係でした。経理に配属されましたが工事部からは「誰のお陰で飯が食えていると思っているんだ！」と怒鳴られ、営業部からは「経理はいいよなぁ〜、エアコンのある部屋で仕事ができて」と嫉妬され、休日は工事部長の車を洗車し、子どもの世話や犬の散歩までさせられていました。

なんとかコミュニケーションをとろうと努力しましたが、人間関係で心が壊れていき、退職することにしました。

そのときの退職理由が、「税理士として会計の世界を究めたい」という大層立派な理由でした（笑）。

皮肉にも本当の退職理由だった人物から送別会を開いてもらい、見送られながら会社を後にしました。

「人間関係がイヤで会社を辞めます！」なんて本音は、なかなか言えません。波風を立てて会社を辞める必要もないし、イヤな言い方をすれば自分が辞めた後に会社が改善されてもシャクなだけですよね。

狭い業界で「あの人がイヤなので」と本音を言って、次は取引先になってしまうことも考えられます。

本音と建前を使い分ける人は、大勢いるはずで、本音の退職理由は言わないと思うのです。

話を戻しますが、退職した当時はコミュニケーションがとれなければ、「会社を辞めるか」「我慢するか」の2択だと思っていました。

今は、**「どっちでもいい」という精神**に変わっています。

年功序列・終身雇用は崩壊し、能力主義・ＡＩ時代になりました。

入社してしまえば、イヤなことを我慢することで定年まで面倒をみてくれ、年を重ねれば出世できた時代は終わりました。

コミュニケーションはとってもいいし、とらなくてもいい。どっちでもいいのです。

会社の本来の目的は利益を上げることです。仲良しグループでいる場所ではありません。

連絡事項の共有や他部署との打ち合わせは必要ですが、飲み会やゴルフ、カラオケなど、それ以上のコミュニケーションはとってもいいし、無理してとらなくてもいい。

もちろん、**コミュニケーション能力は経理職にとっては最強の武器**になります。しかし、それが苦手なら、**専門的能力、実務能力、財務分析能力など、それ以外の能力を磨きまくって、その他大勢から抜け出せばいい**のです。

飲み会に行ってもいいし、行かないでキャリアアップの勉強をしてもいい。二次会に行ってもいいし、行かないで自宅に帰ってDVDを観てもいい。本来はどっちでもいいんです。あなたの好きな選択をしてください。

それは、けっして「いい加減」という意味ではなく、あなたの意志で決める選択でもあります。**「どっちでもいい精神」でいれば、人生の幅が広がり、生きるのもラクになります。**

Most Excellent Accounting

一流は、どっちでもいい精神を身につける

今日から踏み出す第一歩

苦手分野を無理に克服しなくてもいい。あなたの部署で、誰にも負けない得意分野を身につけよう。

雑用

三流は、経理の仕事に卑屈になり、
二流は、裏方に徹し、
一流は、どうする？

新卒で入社した建設会社では、経理に配属されました。

時代背景もあったかもしれませんが、工事部、営業部、積算部、その他の部署、そして最下層に経理部が位置づけられていました。

前述したように、他の部署からは怒鳴られ、叱られ、嫉妬され、存在意義も否定され、だいぶ卑屈になっていました。

それでも年功序列・終身雇用の時代だったので、何とか会社にとどまり、会社の一員と認められたくて、裏方の仕事を完璧にこなそうと頑張りました。

現場担当者が行う実行予算書や工事報告書の作成を手伝い、文房具や材料の注文、安全大会の準備など、こまめに動き、工事を滞りなく行うため、裏方に徹して頑張りました。

書類のコピー、掃除、お茶出し、蛍光灯の交換……20代前半のころは、雑用が多かったのですが、それでも充実していました。**なぜなら雑用は雑な仕事ではなく、考え方次第で意味のある仕事にできたからです。**

書類のコピーひとつ取っても、株主総会、決算書、資金繰り表など、重要かつ社外秘の書類もあります。ここでコピーし、役員に配布され、重要な事項が決定されると思ったら、もう雑用ではなく大切な任務の第一歩です。当時はよく紙詰まりになっていたのでページが抜ける可能性もあります。そんな書類を配ったら大問題です。

保管に気をつけないと、もしコピーが社外に流出してしまった場合、大変な事態になります。実際、私もメモをしようとゴミ箱に入っていた用紙を手に取ったら、リストラ情報の書類でした。コピーひとつで会社の存続まで脅かす問題になるかもしれません。

さらに、いかに早くコピーできるか効率化を考えたり、カラーと単色の値段の違いからコストを削減したり、コピー機とコピー用紙の置き場所を近づけ効率化できる動線を考えたりなど、経費節減や時間短縮の問題を考えることもできます。

考え方ひとつで、裏方の仕事も充実するのです。

この積み重ねがあったからこそ、今、経営者として仕事ができていると確信しています。

裏方としてサポートすることも重要ですが、もう一歩踏み出して、会社を動かす仕事にも取り組んでみる。例えば、工事部の原価管理にアドバイスしたり、営業部で契約を結ぶ前に得意先の財務状況を伝えることもできます。

私は、最初の会社を辞めた後は、バイトをしながら税理士の勉強をしていました。勉強中に、以前お世話になった他部署の先輩から新しく会社を作ったので、経理として手伝ってくれないかと打診されました。

前職と同じ建設業界です。しかし、以前のように、怒鳴られ、威張られ、嫉妬されることはありませんでした。建設業簿記1級、宅地建物取引士、税理士の2科目を取得し、総務経理や税法については私が一番詳しく、工事部出身の社長やほかの経営陣は、会計や経営分析については私に聞かなければ何も分からない状況でした。つまり、**会社を動かす提案をすることで、自分の居場所を作った**のです。

今の時代、経理の仕事に卑屈になることはないと思いますが、大なり小なり営業が上、現場が偉いという風潮もあるかもしれません。そのようなときは、**裏方を腐らず行うとともに、専門的能力を磨いて会社を動かす立場になれば、一目置かれる存在になります。**

Most
Excellent
Accounting

一流は、裏方をしながらも会社を動かす

今日から踏み出す第一歩

どんな仕事も腐らず経験することで将来の仕事に役立つ。経理の仕事は無限だ。

仕入れ

三流は、経費のことを考えず、二流は、大量購入で値引きしてもらい、一流は、どうする?

父が大学生のころなので、今から60年以上前の話です。父は、札幌のススキノにある親戚夫婦の小料理屋でバイトをしていました。資金のないその店では、お客様から注文を取ってから、酒屋に酒を買いに行くのです。まさに究極の自転車操業。食材も人数分だけ買い、余ったら家族や父の朝昼晩の食事になるので、残り物による損失はゼロだったそうです。

その後、おじさんは、日本調理師会会長にまで上り詰め、料理の世界では知らない人がいないほどの実力者になりました。

私の友人が、居酒屋をやるか、ラーメン屋をやるかを迷っていましたが、ラーメン屋をやることにしました。しかも、まぜそば一択。

なぜなら、売れ残りのロスを出したくなかったからです。居酒屋だとラーメンの具材より品数が多いため、用意する食材が増えるのに対し、ラーメンしかも、まぜそば一択なら必要最低限で済みます。そこまで考えていたら成功するだろうと思っていましたが、案の定、コロナ禍も乗り切り、今でも大盛況です。

当社では以前、事務員に輪ゴムを買うように指示したところ、大安売りをしていた大箱の輪ゴムを購入してきました。20年は楽にもつだろうという量。その事務員は退職しましたが、まだ輪ゴムは残っています。しかし、ほとんどの輪ゴムは劣化し、すぐ切れてしまうので、廃棄しました。

それぐらいなら笑い話で済みますが、つい大量購入することで値引きをしてもらえるので、使いもしないのに購入してしまう場合があります。結果的に場所も取り、節約しないでムダに使ってしまいます。

稲盛和夫さんに次のようなエピソードがあります。

父は仕事一途の人間、母は明るく快活な女性。農家を営む親戚が「安くするよ」と野菜を売りに来ます。母親は、安いので野菜を大量に買う。帰宅した父がその野菜を見て「またムダなものを買いよって」と叱るのです。母は、「市内の八百屋さんと比べものにならないほど安く買ったんです。あなたに怒られる筋合いはありません」と言い返す。

小学生だった稲盛さんは、「母が言うのは正しい」と思っていました。ところが、食べきれず傷んで悪くなったところを包丁で削り落とし、小さくなっていくサツマイモを見て、稲盛さんは、「親父が怒ったわけが分かった」と思ったそうです。

子どものときのこの経験から、**まとめ買いは安く上がったように思うが、たくさんあると余分に使ってしまったり、乱暴に使ったりする、反対に今使う分しかなければ大事に使うようになる**と気づいたそうです。

だから、京セラでは、毎月必要なものは毎月必要な分だけ購入する。場合によっては、月単位ではなく、毎日必要な分だけを買うこともあり、このことを**「当座買い」と呼び、資材購入の原則**としてきたのです。

資産も仕入れも事務用品も、安ければよいというわけではありません。大量購入も計画を立てて行わないと、損失につながる場合があります。経営者やほかの部署が、そのようなことをしないようアドバイスをするのも経理パーソンの役目です。

Most
Excellent
Accounting

一流は、大量購入による値引きと、当座買いを比べて検討する

今日から
踏み出す
第一歩

値引き、割引、割り戻しについては、より慎重に検討する。

費用対効果

三流は、無駄遣いをし、
二流は、経費を節約し、
一流は、何をする？

会社のお金だと思って、つい無駄遣いをしてしまう人がいます。筆記用具類なら比較的簡単に買ってしまい、同じ蛍光ペンが何本も机のなかに入っていたり、机の一番上の引き出しの筆記用具入れは、引き出しが閉まらないぐらいにボールペンなどで溢れていたり。

大手専門学校で講師をしていたときの話です。

ハサミやホッチキス、朱肉などの誰でも使うけれど、滅多に使わないものは、共有のスペースに置いてあり、そこから持ち出して使うのです。20人ほどいる職員室ですが、2、3個は常備されているので、すべてが使われていることは滅多にありません。使い終わったら、すぐに戻すというルールも徹底されていたので経費の節約にもなるし、探す時間も必要ありません。

ビジネスパーソンは、年間150時間も「探しもの」に時間を費やしています（大塚商会調べ）。年間250日勤務するとしたら1日平均36分です。

作成した資料せんがない、黄色の蛍光ペンがない、保存したファイルがパソコンから見つからない、電話をかけようとしたらメモした紙が見当たらない……生産性がまったくない「探す」という行為に、多くの時間を使っているのです。

話を無駄遣いに戻します。

何千万円、何億円と取引しているうちに、感覚が麻痺して、無駄遣いをする人もいます。

会社で経費の使い方や、無駄遣いをしない教育は必要です。

そのため、徹底的に経費を洗い出し、無駄遣いをしない、電気をこまめに消すなどの運動をする会社もあります。

ただし、経費には**使ってよい経費と悪い経費**があります。

その見極めが必要です。

例えば、会社の駐車場にある1本の木。邪魔なので、切り落として、除草剤をまいて生えてこないようにしたい。その1本の木のために、ホームセンターから電動ノコギリを買うと、経費の無駄遣いと叱られるでしょう。そのためだけに使うのであれば、手動の安いノコギリで解決するからです。

一方、木材屋さんで、木を切る仕事が本業だったらどうでしょう。手動のノコギリや斧を購入して従業員に配ったら、「仕事にならない」と激怒されるでしょう。

このように、**モノの価値は金額だけではなく、使用できる頻度や期間や満足度を考慮に入れる必要**があります。

同じ経費で商品を購入するにしても、使用頻度、重要度、コスト、時間などの「費用対効果」を見極めなければなりません。

パソコン、シュレッダー、コピー機などの見直しが終わったら、**モノ以外でもムダなことをしていないか**点検してみましょう。メールのほうが速いのに会いに行ってしまう。電話のほうが速いのにメールにこだわってしまう。1人でいいのに2人で行く。メールで連絡事項を一斉送信すればいいのに、社員を集めて伝える。効率の悪い時間の使い方を、案外しているものです。

Most
Excellent
Accounting

一流は、費用対効果で考える

今日から踏み出す第一歩

ムダなモノを買わないために
金額のみならず使用頻度、期間、
時間効率なども考慮に入れて
購入する。

コミュニケーション

三流は、守秘義務を果たさず話し好き、二流は、経理の手本の無口と言われ、一流は、何をする？

税理士、公認会計士、弁護士……

難関試験に受かる人の特徴は、寡黙で誘惑に負けず勉強し続ける能力があり、インドアな人。**無口で内向的な人が受かる傾向**にあると、私は思っています。

税理士試験を経験してからわかったことですが、合格レベルに達するには、専念組なら1日12時間、働きながらでも1日3時間は勉強に充てていると思います。

合格率10％、10人に1人。そして分母のほぼ全員が長時間勉強しています。そのなかで合格を目指すのだから、自宅や自習室にこもり、いかに勉強時間を捻出するかが合格のカギになります。アウトドア派で話し好き、飲みに行こう、遊びに行こう、ゴルフに行こうという誘いにのっていたら、いつまでも合格できない試験なのです。

しかし、受かった後は、どうでしょう？

上記の資格に合格し、独立すると、今度は**社交的でプレゼン能力の高い人が成功する傾向**にあります。コミュニケーションスキルが必要になるのです。

つまり、**受かるためには寡黙に頑張れる能力、成功するためには社交的な能力、両方を兼ね備えていないと合格と成功を手にできない難しい職業**なのです。

では、経理の仕事はどうなのか？

経理の仕事は、マイナンバーカードや従業員の健康管理も含め、会社の売上や利益、社員の給料など、ほかの部署の社員が知ることができない情報に接する機会が多くなります。

しかも、管理職のみならず、**一般社員や新入社員でも機密情報を取り扱います**。年齢も関係ありません。経理部では、情報の取り扱いについては、細心の注意を払う必要があります。

以前の職場では、当社と得意先と仕入先の事務職員が、友人同士で茶飲み友達。会社も近いので3人でよくランチに出かけていました。そこで各会社の情報を面白おかしく交換し合い（悪気があってではなく、噂話レベルとして）、3人は、それぞれ上司に呼び出され大目玉をくらったことがあります。

このように経理の仕事をする場合は、話し好きな性格よりも、無口で寡黙、情報を扱うのに、細心の注意を図れる人材が重宝がられます。

ただし、これは、昔の話。

今の経理は、デスクワークのみではありません。

会社の状況を把握し、**他部署とも交流し、外に飛び出し、情報交換をして、よりよい会社にしていく必要**があります。

他部門に経理面からの意見を伝える能力が必要になります。

そのため、**社内秘、社外秘情報は、漏らさないという絶対的な意思を持ちつつ、他部署や他社との意見交換ができる能力**も持ったバランスのよい人材が必要とされます。

Most
Excellent
Accounting

一流は、守秘義務を果たしつつ、他部門へ意見を伝える能力も併せ持つ

今日から
踏み出す
第一歩

これからの経理パーソンは
アクティブに動く!!

他動力

三流は、経理部だけで仕事をし、二流は、他部署に出向き、一流は、どこに行く？

経理部の仕事内容は、多岐にわたっています。

仕訳を切る、総勘定元帳への転記、現金出納帳・当座預金出納帳・売上帳・仕入帳・商品有高帳への記帳、領収書やレシートの確認、仮払い精算、旅費計算、売掛金の消込作業、資金繰り表の作成、貸付金利息の計算、受取手形・支払手形の期日チェック、税務署資料せんの作成、実際と帳簿の現金のチェックなどなど……

そしてこれらの仕事の共通点は、デスクワーク。

つまり、**いかに集中して座っていられるかが勝負**です。

私も新入社員のころは、9時から17時まで、ほぼデスクに張り付いていました。万歩計をつけていたら1日800歩ぐらいしか歩いていなかったかもしれません。

たまに外に出ることのできる銀行への入出金業務や、保険会社での手続き業務が嬉しかったのを今でも覚えています（それも今ではオンライン化が進み、金融機関や保険会社に出向く必要もなくなりました）。

経理部は、**黙って座り続け、手を動かす！**

これが重要な仕事でした。

その後、新卒で入社した建設会社を退職した私は、税理士の勉強をしながら会計事務所に勤務しました。

税理士業務こそ、デスクワークは半端ない量です。法人だけでも20社以上の顧問先を抱え、帳簿作成をしなければなりませんでした。

しかし、会計事務所のトップである所長は、顧問先の仕事現場を見ることをポリシーにしていました。

毎月の帳簿をチェックするためだけに訪問するのではなく、町工場では実際の金型の製造過程を見せていただいたり、自転車屋さんでは自転車の並べ方やパンク修理の現場を見学したり、コンビニエンスストアでは商品の陳列やシフトの入り方、売れ行きの動向まで一緒になってチェックしました。

相続の現場では長靴を履いて田んぼの長さを測り、計算をしていました。

この会計事務所にお世話になったお陰で、**机上のものだけではない多くのことを学ぶこと**ができました。

TBS系列「日曜劇場」枠で放送された、池井戸潤の小説「半沢直樹シリーズ」。

主人公の半沢直樹が、実際に取引先の工場に出向き、融資をするか決めるシーンがありました。そんなシーンを見るたびに、会計事務所にいたころを思い出します。


経理の仕事も同じです。

デスクワークをして1日を終えるだけの時代は終わりました。

もちろん、それも重要ですが、さらに専門的知識を使って、**他部署に出向き、会社全体の仕事に目を向ける**ことも重要になっています。

数字面から他部署へアドバイスをしたり、全体会議に出席して、会社のビジョンや売上目標の作成をしたり、利益をいかに上げていくのか議題に上げたり、ムダな経費の削除などを訴えたり。

会計事務所を退職し現在の建設会社に転職した私は、建築現場まで行き、予算の組み方や協力会社との値引き交渉、近隣住民への対応などと何でもこなし、経理部にとどまらずに仕事をしています。

今後の経理は、**同業他社と意見交換をしたり異業種との交流会に積極的に参加**したりして、慣習に染まった会社に変化をもたらす必要があります。

半径3メートル以内のデスクワークだけでは、会社全体に目を向けることはできません。長年、同じ会社にいても、会社の常識にとらわれ、新たな知見を見出せません。**積極的に外に出て、ほかの会社や業界のやり方を学ぶことによって、会社の経営に役立てる必要**があります。

Most
Excellent
Accounting

一流は、他部署に出向き、同業他社の集まりに参加する

今日から
踏み出す
第一歩

部署、そして会社の外に出て、
様々な知見にふれていこう！

Chapter 2

一流の「会計能力」とは

究極の会計

三流は、会計の今を把握し、
二流は、過去を確認し、
一流は、どうする?

取引が発生したら、仕訳を切り、総勘定元帳に転記をする。週間や月間で試算表を作って集計する。これらは、**会計の現状、つまり今を把握する仕事**です。

もちろん、簿記の根幹である重要な仕事です。日々の取引で間違いがあれば、最終的に企業を取り巻く利害関係者の皆様に間違えた情報を伝えることになります。

そして、2年、3年と経験を積むたびに、決算整理を覚え、**結果の確認と報告**をしなければなりません。

1年間の集大成として作成した財務諸表で、「ウチの会社はこういう状況だったんですよ！」と、企業を取り巻く利害関係者の皆様に報告します。この会計を財務会計といいます。

財務会計とは、「外部に向けて発信する会計」のことです。社内はもちろん、外部の人も知ることができます。

つまり、**どんな小さな会社でも大きな会社でも作成する義務があるん**です。財務会計では決算書を分析する人が正しく判断できるように「ルール」を設けています。そのルールに従って、財務諸表を作成しなければならないのです。逆にいえばルールがあるということは、教科書があるようなもの。ルールに従って作っていけばよいのです。さらにルールに変更がなければ、過去の決算整理事項を見れば大部分は作成することができます。試験でいえば、過去問があるようなものなのです。

一方、財務会計に対して、「管理会計」があります。

財務会計は「外部向け」、**管理会計は「内部向け」**です。つまり、**社内のみが確認する経営に役立てるための会計**です。経営者、役員、管理職を含めた内部関係者が、例えば、商品の販売価格を設定するときや、損益分岐点売上高の算出、人件費の計算など、様々な数値をもとに計算し、経営判断を行います。

どの事業部門が利益に貢献しているか、その事業を存続するべきか廃止するかを検討するのも管理会計です。多店舗経営しているラーメン屋さんやハンバーガーチェーンが、外から見て繁盛していそうな店舗なのに、突然、閉店することがあるのも管理会計によって、将来的に採算が取れないと予想した結果の場合が多いのです。

財務会計は必須です。**管理会計は任意**です。

しかし、任意でも管理会計は、会社を経営していくうえで、会社が生き残っていくうえで、必要な会計なのです。

日々の取引を記録することで、**現状つまり「今」**を把握します。

財務会計は、「過去」の実績です。

管理会計は、過去のデータをもとに**「未来」を分析する**会計なのです。

財務会計で現状を把握するだけなら、計算屋で終わります。

一流の経理パーソンは、管理会計を駆使して、会社の存続、発展をシミュレーションして生き残りをはかっていく必要があります。

Most
Excellent
Accounting

一流は、管理会計により未来を見据える

今日から
踏み出す
第一歩

財務会計という結果から
どのような経営判断をして
いくかが重要。

ビジョン

三流は、売上目標がなく、
二流は、売上目標を立て、
一流は、どうする？

事務所の壁に貼ってある手書きの売上目標。30年以上前の話です。

月2千万円など目標が書かれ、それに向かって営業していく。毎朝外回りに出かける前に目標を再確認してから出かけるので、気合いも入るし、社員同士でビジョンの共有もできる。

さらに、白い模造紙に個人の名前が横軸に、成約したら縦軸にマジックで縦線が伸びていく棒グラフが記載され、一目で誰の営業成績がよいのかが分かるような会社もありました。

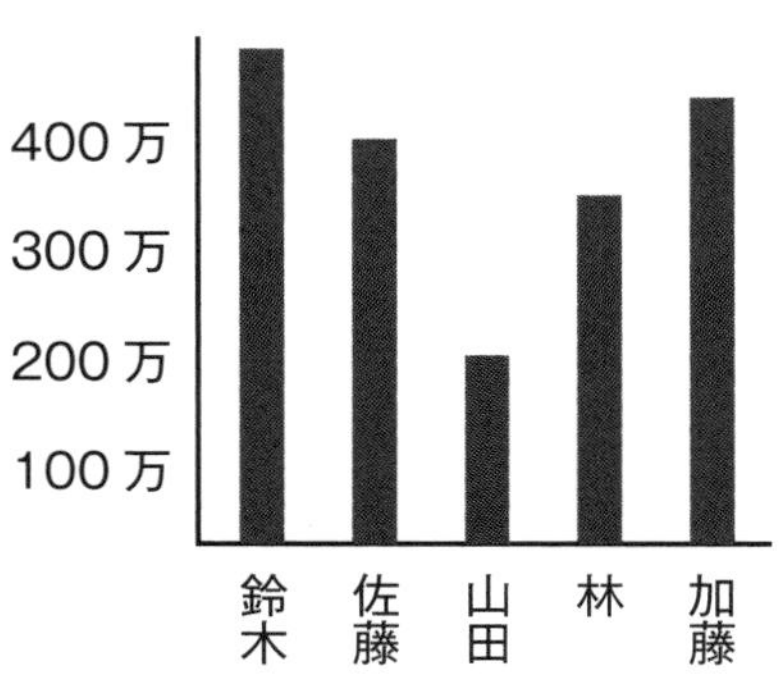

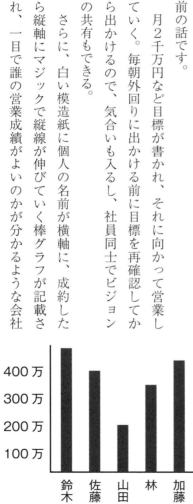

取引先には、「どんぶり勘定」の建設会社が多く存在していました。

ここでいう「どんぶり」とは、天丼やかつ丼などで利用する厚みのある深い陶製のはちのことではありません。職人さんたちが腹掛けの前部につけた布の物入れのことです。国語辞典によれば、昔の職人さんが、細かい計算などをしないで、この「どんぶり」から無造作にお金を出し入れしていたことから、手もとにあるお金を帳面もつけずに支払いをすること、またそれに似た**大まかな会計を「どんぶり勘定」**というとあります。

そうした取引先のひとつに、発注金額の高い工事ばかりを受注していた会社がありました。土木部、建築部、それぞれの営業は仲が悪く、口も利かない、ほかの部署で鳴っている電話は取らない、そんな状況で、それぞれの営業が競い合っていました。

ライバルとして競い合うのはよいのですが、その競う対象が**売上目標だけ**だったのです。

1億より2億、2億より3億。

しかし、売上至上主義だと、せっかく工事を受注しても、赤字なら意味がありません。例えば、3億円の工事を受注しても、3億3千万円の原価がかかれば、3千万円の損失です。一方、1億円の工事でも、4千万円で仕上げれば6千万円の利益が発生します。

嘘のようなホントの話ですが、その会社は、売上を追い求め、利益は二の次になっていました。それどころか、受注額の高い工事を取った営業パーソンが、もてはやされていました。そのため、その会社は疲弊していき、景気がよいときに蓄えていた内部留保も徐々に減っていきました。

そんなとき、元コンサルティング会社に勤めていた方が経理担当として転職してきました。その方が利益の重要性を営業担当の役員に説き、売上至上主義から利益率の高い工事を受注することを提案したのです。

まずは、A工事、B工事、C工事など工事現場ごとに個別原価計算を行い、土木、建築、河川、道路などの部署ごとに決算書を作成しました。

変動費と固定費に分け、待機職員も含めた共通経費の配賦をし、従業員の給与も工事によって違うため個別に組み込みました。

すると、売上が一番高い建築部が、もっとも利益が出ていない、採算の取れていない部署だと判明したのです。建築は熟練の社員が多く、給与は高く、売上高が高くても工期が長いため回転率が悪く、一括外注で値引きができない状況であることなどが明らかになりました。

そこから徹底的に個別原価計算を行い、原価管理をすることで利益率の低い工事の受注は回避し、そのときの状況からＪＶ（ほかの会社と共同で仕事をすること）を組んだり、待機職員が増えてくる時期は利益率が低くても工事を取りにいったりと、経理が中心になって受注計画を立てていきました。

個別決算書を作ることで、利益体質の会社に生まれ変わったのです。

もう30年以上前、20代だった私は、近くでその状況を見ていたので、劇的に変わっていく会社に驚きました。

営業が計画的に仕事を取り、工事部が施工をし、経理部が管理をする、この三位一体の状況がうまく回っていなければ、会社として成り立ちません。

そして、その**要**になっているのが、**経理部**なのです。

Most
Excellent
Accounting

一流は、部署別や現場別に決算書を作成して利益目標を立てる

今日から
踏み出す
第一歩

総合原価計算だけの会社は、個別原価計算も取り入れるよう働きかけよう。

各利益

三流は、儲かったかを確認せず、二流は、儲かっているかを確認し、一流は、どこで確認する？

「最近、どう？　儲かってる？」

個人事業者の方なら一度は、聞かれたことのある質問だと思います。

厳密に言うと、この質問には、ほとんど意味がありません。

なぜなら儲け、つまり利益には、５つの利益があるからです。

例えば、リンゴ専門店が本業であるリンゴを３００万円で販売したら、売上高は３００万円。

売上高は、利益の大元で、損益計算書のなかで

損益計算書

××会社 202●年4月1日〜202●年3月31日

売上高	300	
売上原価	100	
売上総利益	200	(通称、粗利)
販売費及び一般管理費	50	
営業利益	150	(本業による儲け)
営業外収益	30	
営業外費用	20	
経常利益	160	(日常的に稼げる儲け)
特別利益	60	
特別損失	20	
税引前当期純利益	200	(レアケースを含めた儲け)
法人税、住民税及び事業税	60	
当期純利益	140	(最終的な儲け)

も、もっとも重要な収益です。意識していない人が多いと思いますが、会社の取引規模を示しているのです。

売上高から売上原価を差し引いた利益を「**売上総利益**」といいます。通称、粗利とも呼ばれていますが、会社の扱う商品の強さを表しています。売上総利益（率）が高ければ、付加価値の高い魅力ある商品やサービスが提供できていることを意味します。この利益が赤字だったら会社は成り立ちませんよね。

しかし、リンゴは仕入れてきただけでは売れません。従業員が一生懸命働いてくれるのでリンゴが売れます（人件費）。特売日や半額セールなどの折り込み広告がないとお客様は気づきません（広告宣伝費）。電話やメールなどの通信手段がないと利害関係者とやりとりができません（通信費）。このように、収益を得るために犠牲になった支出を「販売費及び一般管理費」といいます。

製造業を営む会社で登場する「研究開発費」もここに該当します。新商品開発のための研究開発活動に使われ、ここをケチるわけにはいきません。なぜなら、今期ヒット商品が出ていても、いずれは消費者に飽きられ、売れなくなります。そのために次の商品を開発し続ける必要があるからです。

売上総利益から販売費及び一般管理費を差し引いた利益を「**営業利益**」といいます。会社本来の営業活動の成果なのです。

また、会社組織は本業に直接関係のある収益や費用だけではありません。銀行にお金を預けていたことによって受け取る利息、逆に借りていたことで支払う利息など、本業以外で発生する収益・費用を「営業外収益」、「営業外費用」といいます。

営業利益に、営業外収益を足して、営業外費用を差し引いた利益を「**経常利益**」といいます。経常利益は、その名のとおり、経常的つまり日常的に発生する収益から費用を差し引いて求められる利益であり、会社の正常な利益、会社の実力を示しています。

金融機関の融資担当は、5つの利益のうち経常利益をもっとも重要視する方も多いと聞きます。営業利益が黒字なのに、経常利益が赤字だと営業外費用が多額であることを意味します。有利子負債が多かったり、輸出入取引で為替差損が出ている場合もあるので注意が必要です。

滅多にないレアケースな収益や費用もあります。本社ビルを売って売却益が発生したり、火事になり火災損失が発生したり、これらの収益・費用を、「特別利益」「特別損失」といいます。後ろに利益、損失とついているのに、収益、費用のグループに入るところが、ややこしいところです。昭和の時代から所有していた土地をたまたま売却して莫大な土地売却益を得て、経常利益がマイナスなのに、当期純利益がプラスになることもあります。

経常利益に、特別利益を足して、特別損失を差し引いた利益を「**税引前当期純利益**」といいます。そこから法人税等の税金を差し引いた利益が「**当期純利益**」です。

このように利益といっても、5つの利益があるのです。

そのため、「最近、どう？　儲かってる？」と聞かれても、どの利益を指すか分からないと答えようがありません。

経理パーソンも、どの利益がプラスで、どの利益がマイナスなのかを考え、戦略を練る習慣をつける必要があります。

Most
Excellent
Accounting

一流は、5つの利益に分類して確認する

今日から
踏み出す
第一歩

どの利益がプラスなのかマイナスなのかも常に分析する必要がある。

B／Sの本質

三流は、B／Sを具体的内容で認識し、二流は、1年基準で認識し、一流は、どこで確認する？

貸借対照表に対する認識は、実務経験を重ねるごとに変わっていくものです。
あなたは、今の段階で、どのような認識を持っていますか？

入社して3年目ぐらいや日商簿記3級を勉強している段階では、**資産**、**負債**、**純資産**の3区分で構成されているのが貸借対照表と認識しているのではないでしょうか。

資産は、お金、物、権利
負債は、借金や義務
純資産は、自分で用意したお金と、今までの利益のストック分

このように最初は、貸借対照表を具体的内容で認識するものです。

経験を積んでくると、貸借対照表の表示方法、つまり並び方にも目がいくようになります。

資産や負債は適当に並んでいるわけではありません。

資産は「流動資産」「固定資産」に区分されます。

流動資産は、お金もしくは1年以内にお金に換わる資産。

固定資産は、1年を超えてお金に換わる資産、もしくは、そもそもお金に換える気がなく所有している資産です。

そのため、同じ貸付金でも、1年以内に戻ってくる貸付金は短期貸付金という表示科目で流動資産に、1年を超える貸付金は長期貸付金という表示科目で固定資産に表示されます。

本社ビルや工場などの建物、社長車や営業車などの車両運搬具は、そもそもお金に換える気がないので、固定資産に該当します。

負債も流動負債、固定負債に分かれます。

流動負債は、1年以内に返済するお金。

固定負債は、1年を超えて返済すればよいお金。

同じ借入金でも、1年以内に返済しなければならない借金は、短期借入金として流動負債に、1年を超えて返済しなければならない借金は、長期借入金として固定負債に表示します。

同じ借金でも返済する期限によって表示する場所が変わるのです。

経験を積んでくると**1年基準で資産、負債を表示することを認識**するようになります。

資産、負債、純資産を意味合いで覚えたら、並んでいる意味を理解します。仕訳を切って、最終的に貸借対照表に表示する流れにおいては、上記の2つの考え方（流動か固定か）を理解していれば、決算書まで作成することができます。


しかし、貸借対照表のお金の流れを知り、経営者や役員に説明するためには、**調達源泉と運用状態という考え方を理解**する必要があります。

右側にある純資産は自分が用意したお金（自己資本）です。負債の部には、他人から借りてきたお金が入ります（他人資本）。この2つを調達源泉といい、会社を運用していくために必要なお金として右側（純資産＋負債）に表示されます。

　そして、これらの調達源泉をどのように運用しているのかを明らかにしているのが、左側にある資産なのです。

　例えば、自己資本５００万円。それでは足りないので銀行から３００万円借りました。調達源泉は合計８００万円です。

　これらは、現預金２００万円、備品１００万円、車両３００万円、機械２００万円として運用していると、その運用状態は、資産の部に表示されます。

B/S

B/S

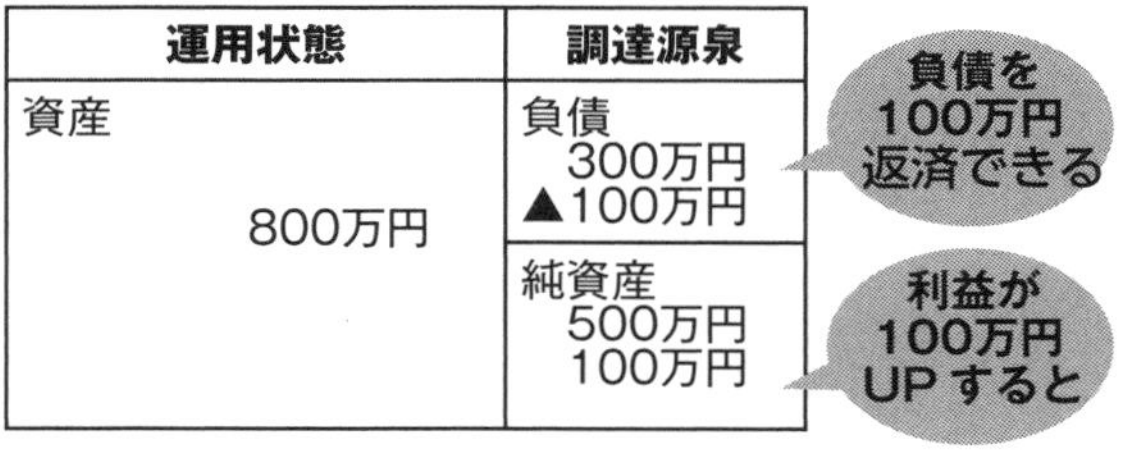

貸借対照表はバランスシート（B／S）と言われています。右側で調達した資金を、どのように運用しているかを左側で明らかにしているので、**左右は絶対に一致**するのです。

そしてもうひとつ。

1年間の利益は、この純資産の部に加算されます。増えれば増えるほど他人資本である借金を返すことができます。一方、損失（赤字）だと、自己資本を食いつぶすことになります。同じ規模（運用状態）の会社を継続するためには、損失が増えれば、他人資本である負債を増やさなければならなくなるのです。

このように、貸借対照表は、具体的内容を知るためだけにあるのではありません。

1年基準で返済可能性や安全性を考える。

さらに、調達源泉と運用状態のバランスを読んで会社のかじ取りの指針にしていく必要があります。

Most
Excellent
Accounting

一流は、B／Sで調達源泉、運用状態まで確認する

今日から
踏み出す
第一歩

B/Sは、資産や負債の内容の他に返済可能性、そして調達源泉と運用状態のバランスまで読みとく必要がある。

集中

三流は、他部署から何でも請負い、二流は、午後にまとめて行い、一流は、どうする?

経理の仕事には、資金繰りや予算管理など、集中して行いたい重要な仕事があります。しかし、「さぁ資金繰りをやろう」と、金額の入力をしている最中に営業部員が2階から下りてきて「営業部長のタクシー代金の精算をお願いします」と領収書を渡しに来る。気を取り直して集中していると、3階の土木部から「ノートと朱肉を買ったから精算してください」、4階の建築部から「長崎へ視察に行くので仮払いをください」、5階の積算部からは「製図用の鉛筆を……」、6階の役員室からは「お客様用のお茶代の精算を……」など、仕事に取りかかるたびに邪魔が入り、なかなか集中して仕事ができないのが経理部のつらいところです。

ミシガン州立大学のアルトマン氏らの研究です。300人の学生を対象に、パソコンで集中力が必要な作業をしてもらいます。途中で2・8秒間、広告のポップアップ画面を流して作業を中断させると、ミスの発生率が2倍になり、4・4秒中断されるとミスが4倍になる。そして集中力が戻るのにどちらも30分かかってしまうという実験結果が出ました。たった**2・8秒、リズムを崩されるだけでミスが2倍になる！　4・4秒で4倍！**

様々な部署が精算や仮払いの申請に来るたびに、この現象になってしまいます。職員や部署が多いほど、接触頻度が高まり、その分、集中力がそがれます。

経理は母親的存在とも言われています。しかし、何でもかんでも受け入れていたら、ミスの多いだらしない母親になり、子どもたちは、いつでも受け入れてくれると甘やかされて育ってしまいます。

そこで、経費精算は13時から14時までというように時間を決めて、取り扱う。その時間だけ受け付ければ、一気に片づき、集中力を切らさずに重要な仕事をすることができます。

しかし、過保護に育てず、もっと自立させる方法があります。

それが**小口現金出納帳制度**です。

まず、各部署の小口の経費が、1か月でどれぐらい必要か過去の経験から算出します。

例えば、営業部でかかる小口の経費が月5万円以内と予想したら、5万円を先に渡してしまうのです。後はその月の、タクシー代、文房具代、収入印紙代などを営業部内で精算してもらい、1か月後に経理部に小口現金出納帳を持ってきてもらいます。

例えば、5万円のうち、4・8万円を使ったら、同額の4・8万円を翌月のために補充します。そうすることで、翌月も5万円からスタートすることができるのです。

経理部の処理はどうなるのか。

今までは、精算したい人が、いつでも個別に押し寄せてきていたのが、各部署で1か月に1回だけ、小口現金出納帳を持参して、精算すれば終わることになります（下の図）。

仕事は集中力が重要です。

なかなか集中できない環境だとミスは増え、生産性は下がります。

小口現金出納帳を利用して、雑用における接触頻度を減らしていきましょう。

小口現金出納帳

受入金額	日付		摘要	支払金額	支払内訳			
					消耗品費	●●費	旅費交通費	雑費
50,000	6	1	現金受入					
		5	タクシー代	4,000			4,000	
		11	ノート代	2,000	2,000			

Most
Excellent
Accounting

一流は、小口現金出納帳制度で各部署に任せる

今日から
踏み出す
第一歩

経理パーソンは集中できる環境を作らなければならない。

数字

三流は、頑張れと言い、二流は、方針を語り、一流は、どうする？

友人で現役会社員の早川勝さん。

『リーダーの鬼１００則』（明日香出版社）、『世界ＴＯＰ６％の超絶売れる習慣』（秀和システム）など営業系の書籍でベストセラーを連発している著者でもあります。

そんな早川さんの、保険会社時代の話です。

営業成績の悪い支社に配属になりましたが、その支社を全国1位に押し上げたのです。

その方法は、ある言葉を禁止したから。

一体、どんな言葉を禁止したと思いますか？

「どうせ無理」「できません」「私なんか……」

そんなネガティブな言葉では、ありません。

一見、前向きで、ポジティブに聞こえる言葉！

「頑張ります」なんです。


なぜか？

頑張っているかどうかは、営業ではあまり意味がありません。

成約という目標達成に向けて、計画的に行動しているかどうかが重要だからです。

「今日も頑張って来いよ！」

「はい！　頑張ります！」

これでは、意味がありません。意味がないどころか、成約が取れなくても、営業成績が悪くても、頑張ればいいことになってしまいます。


そこで、「頑張ります」の代わりに、会社の方針を語ります。

しかし、その方針も「成約を取る！」「利益を上げる！」というように抽象的な方針では、頑張れと一緒になります。

そこで、抽象的にならないように、「いつまでに○○をやります！」と具体的に宣言させたそうです。

このときに必要とされるのが、経理パーソンの力です。各商品ごとの損益分岐点売上を算出し、一人当たりの売上目標を提案することで営業部をサポートできます。

目標と期限と具体的数字を宣言すれば、その目標を達成するために、それこそ頑張れるというワケです。

営業に限らず、会社全体の売上目標、利益目標にも同じことがいえます。

闇雲に頑張ろう！　と唱えても何も生み出さないのです。

一流の経理職は、会計的側面から、根拠のある具体的な数字に置き換えた売上や利益の目標を立て、達成へと導くことが重要です。

数字を使って戦略を立てる必要がある、そのためには、経理の力が必要なのです。

Most
Excellent
Accounting

一流は、会計の数字を使って戦略を立てる！

今日から
踏み出す
第一歩

抽象的な言葉を捨て、具体的な言葉を意識して使おう。

Chapter 3

一流の「財務分析能力」とは

利益の原因

三流は、取引先の状況を調べず、二流は、黒字会社と取引し、一流は、どうする？

遠足は、ウチに帰るまでが遠足です。

親友とアスレチックをやり切った達成感、唐揚げがメチャクチャ美味しかった満足感、お茶か水以外は禁止なのに水筒にいれたカルピスをドキドキしながら飲んだ高揚感も、帰る途中で交通事故に遭ってしまったら、一瞬で嫌な思い出に変わります。

終わったと思えることでも本当に完遂するまで気を抜くなという意味です。

これは、営業にもあてはまります。

営業は、お金を回収するまでが営業です。

契約が成立して、ウキウキして会社に戻っても、商品を販売した後に代金の回収ができなければ、貸倒れになります。回収どころか、販売した商品まで戻ってこない可能性があります。そうなれば大損害です。

商品を販売することのみに力を注ぎ、取引先の状況を調べない会社は、成約をしても代金が回収できずに痛い目に遭います。

そもそも取引は、大きく分けて2つあります。「現金取引」と「信用取引（掛取引）」です。

現金取引なら、商品を販売すると同時に、お金をいただくので問題はありません。

問題は、信用取引です。**信用取引は、商品を販売しても代金は後から回収するため、その間に相手の会社が不渡りを出したり倒産をしたりしたら、回収不能**になってしまいます。

取引先の状況を調べずに信用取引をするのは無謀です。

しかし、取引先が黒字、つまり利益が出ているからという理由だけで安心して取引をするのもまた危険です。

なぜ、黒字の会社なのに取引するのが危険なのか？　利益が出ている会社でも、その利益がどのような原因で発生したかが重要だからです。

A社は、今期、利益が出ていたのに、倒産しました。

なぜか？

日常的な利益を表す経常利益が5期連続3億円前後の赤字でした。

今期も2・8億円の赤字。そのため明治時代に購入していた土地を売却して、3億円の土地売却益を出して何とか直近の決算では最終的な利益である当期純利益は2000万円の黒字になりました。

このように本業では赤字なのに、たまたま持っていた土地を売ったので最終的に利益が出る場合があります。これでは、本業で儲けが出る仕組みがないので、会社が倒産するのも時間の問題です。

では、どう判断するのか？

一流の経理パーソンは、どのような原因で利益が出ているのかを調べて判断します。

経常利益が5期連続赤字なのに、たまたま所有していた土地を売ったから、最終的に黒字になっていた。そんな原因が分かったら、怖くて取引できませんよね。

逆に8期連続、経常利益が出ているB社。利益が出過ぎたために、節税対策もふまえて、バブル時代に買ったお荷物の土地を今期処分して土地売却損が出て当期純損失を計上した。このような原因なら、取引を考える余地は十分にあります。

まとめると、取引先の状況を調べずに信用取引をするのは無謀。

たとえ黒字でも、その黒字である原因を追究しなければなりません。

どのような原因で黒字になったのか、もしくは赤字になったのかを判断し、取引を行うのが、一流の経理パーソンなのです。

	A社	B社
経常利益 （日常的な利益）	▲2.8億円	2.8億円
土地売却益 （レアな収益）	３億円	
土地売却損 （レアな費用）		▲３億円
当期純利益 （最終的な利益）	２千万円	▲２千万円 （結果、赤字になった！）

※Ａ社：虎の子の土地を売って、最後は黒字になった
※Ｂ社：不要な土地を整理して、最後は赤字になった

Most
Excellent
Accounting

一流は、黒字の原因まで調査する

今日から
踏み出す
第一歩

黒字、赤字の本質を見抜く目を養おう。

比較

三流は、黒字で一安心し、二流は、売上規模と利益額で比較し、一流は、何で比較する？

入社1年目の経理パーソンなら、その時々の損益計算書を作成することだけで精一杯かもしれません。

収益から費用を差し引いて利益を求める繰り返しです。

当会計期間が黒字か赤字かで一喜一憂し、決算書を税務署に届けて終わりという状況かもしれません。

3、4年目になると期間比較をするようになります。つまり、当期、前期、前々期と、各会計期間でどのように収益と費用が計上されたのか分析をするようになります。

ただし、次ページの図の上表のような状況なら、どの会計期間が一番儲かったのかが一目で分かります。なぜなら、すべての会計期間の売上高（収益）が同じだからです。

しかし、そんなことは奇跡でも起こらないかぎり、あり得ません。各会計期間の売上には、ばらつきがあります。下表では、どれだけ収益性が高いのかが一気にわからなくなりますよね。

そこで登場するのが利益率です。

利益率の計算と算出方法は、財務分析のなかでも、もっとも簡単な分析方法だと言われています。

各利益を売上高で割って100を掛ければ求めることができます。

例えば、先ほどの金額だけでは分からなかった収益性が、一目でわかるようになります。左から、20%、18・7%、19%で、利益額の一番低い左側の収益性が一番高いことが分かりました。

収益	10億	10億	10億
費用	8億	7億	6億
利益	2億	3億	4億

収益	10億	16億	21億
費用	8億	13億	17億
利益	2億	3億	4億

さらに、それぞれの利益率によって収益性に意味があります。**売上総利益率は本業で直接稼げる力、営業利益率は人件費や家賃も含めた本業における総合的な稼ぐ力、経常利益率は日常的に稼げる力**を明らかにしています。

例えば、営業利益率が年々下がっている。原因を分析してみると販売費及び一般管理費にある人件費が毎期上昇している。高齢化が進み、従業員の人数分、昇給もしているので、若い人材を入れよう、生産性の高い仕事をしよう、残業を減らそうなど、いろいろな施策を打ち出すことができるのです。

経常利益率が下がっている。その原因は設備投資を含めた借入による支払利息。創業して30年間、返済は一度も遅れたことはない。「金利を下げてもらう交渉をしよう」と、経常利益率を期間比較することによって、新たな交渉材料を生み出すこともできるのです。

これは期間比較のみならず、同業他社との比較にも役立つことができます。もちろん、営業先にも得意先にも活用できます。

金額で比較することも重要ですが、利益率を求めることにより、より多くの情報を求めることができるのです。

Most
Excellent
Accounting

一流は、利益率で比較検討する

今日から
踏み出す
第一歩

当会計期間の利益に一喜一憂するのではなく、期間比較をして対策を練ろう。

流動比率

三流は、取引の安全性を判断できず、二流は、負債の額を見て判断し、一流は、何を見る？

会社を経営していると、多くの利害関係者と取引をします。

当社は建設会社を営み工事を実施する施工会社ですが、建設物は工種も多く、完成までの期間は長ければ10年以上かかる工事もあり、多くの会社の協力のもと、ひとつの建設物が出来上がります。

1000万円単位の小さな工事でも10社以上、10億円以上なら何百社という会社が関わっている場合もあります。

前述したように、取引には現金取引と信用取引があります。

会社が大きくなればなるほど、後からお金を受け払いする信用取引が主流です。

公共工事を受注し、多くの下請会社（下請けという表現は好きではないので以下、協力会社といいます）に協力していただき、工事を完成させます。

協力会社の安全性を見極めなければ、大変なことになります。


ここで、勘のいい人は、「あれ？」と思ったかもしれません。

公共工事の場合、発注者は国や地方公共団体のため、受注した金額を回収できないことはありません。

協力会社に、**当社が後からお金を支払う立場**なので、相手先の安全性は、どうでもよいと思われるかもしれません。


ある事件が起こるまで、私もそう思っていました。

下請けである協力会社が、倒産し、経営者が夜逃げしたのです。

私の会社は、その会社に250万円ほど支払う義務がありました。支払う前にいなくなったので、支払う必要はありません。言い方は悪いですが儲かりますよね。

しかし、協力会社が行方をくらました後が大変でした。

「その債権は、本来、うちの会社が受け取るものだ!!」と、何本もの電話がかかり、さらに内容証明の郵便物が20通以上送られてきたのです。

要は、その協力会社に支払うはずだった債務は、「ウチのモノだからウチに支払え！」という催促が怒涛のように押し寄せてきたのです。


本当は誰が債権者かなど分かりません。分からないし、怖いし、そして20社すべてに支払うなら250万円が、一気に5000万円にも膨れあがります（250万円×20社）。最終的には法務局で「供託」という手続きを取り、支払代金を法務局に預け、「後は債権者同士で話し合って決めてください」と、難を逃れることができました。

当時はインターネットもない時代で、どのような手段で債権者を決めていいか分からず、供託という制度も知らずにいました。

明らかに「あっち系」の方々が会社に乗り込んできて、大変怖い思いをしました。


そうならないためにも、仕入先に対しても、その安全性に目を配る必要があります。またそれ以前に、工事の途中でいなくなられても困りますよね。

安全性を判断するために、相手の借金の額を調べるだけでは参考になりません。なぜなら、会社を大きくするために借金をしている場合もありますし、借金をしていたとしても、それを返済できる能力があれば問題ないからです。

そこで行われる分析手法が、**流動比率**です。

前述したように、資産は流動資産と固定資産に分けることができます。負債は流動負債と固定負債に分かれます。

流動資産は、お金もしくは1年以内にお金に換わる資産、流動負債は、1年以内に返済しなければならない負債でした。

仮に、流動負債のほうが流動資産よりも多かったらどうなるでしょうか?

流動資産では返すことができないことを意味するので、また借金を繰り返すか、固定資産を売却してお金を作らなければならないことになります。

本来は投資目的で持っていた固定資産を切り売りする状況は、危険な状態といえます。

これを率で表したのが流動比率です。

流動比率とは、流動資産を流動負債で割って100をかけた比率です。

（流動資産／流動負債×100）

取引の安全性は、取引先の貸借対照表にある流動資産と流動負債を比較することで、判断することができます。

分子が流動資産なので比率は大きければ大きいほど安全性が確保されます。業種によって違いますが、一般的には120％～149％が安全水準、150％以上が優良水準と言われています。詳しくは経済産業省のホームページやネットで「流動比率○○業」と○○に業種を入れて検索できます。

当然100％を下回ってしまうと危険です。

流動負債は、ほぼ100％、1年以内に返済する義務があるのに対して、流動資産のなかには1年以内に販売できない可能性のある棚卸資産や、回収不能になる債権も含まれているからです。

取引先の安全性をチェックするために、勘やイメージで考えるのは論外。負債の額でも分かりません。流動比率などの分析をもって確認する必要があります。

Most
Excellent
Accounting

一流は、
負債額だけでなく、
流動比率をもって
取引先の安全性を分析する

今日から
踏み出す
第一歩

財務分析能力に磨きをかけ
安心できる相手先と取引をする。

自己資本比率

三流は、借入金の返済を考え、二流は、調達源泉は自己資本を増やし、一流は、どうする？

無借金経営！

何か素晴らしい響きに聞こえます。

もちろん中小企業にとって、なるべく借金をせずに自己資本で会社を経営することは、安全面において重要なことです。毎月の資金繰りに頭を悩ますこともないし、金融機関に頭を下げることもないので精神的にも楽になります。

知り合いの協力会社の社長も、日夜借金の返済のことばかりを考えて、大変な苦労をしています。

借金をせずに経営をするためには、自己資本を増やすしかありません。

自己資本とは、文字どおり自分で用意したお金です。

個人事業者なら、会社員時代にコツコツ貯めたお金や、退職金を投げうって自社に出資します。そのお金が多ければ多いほど、他人資本（銀行など）に頼る必要はなくなります。

そして、もうひとつが利益です。

毎期計上される利益は、「純資産の部」に積み上げられ、自己資本になります。

会社の安定性は確保されていきます。

しかし、あり余る現預金を持っているということは、うまく運用していない裏返しでもあり、借金をしていないのは投資をしていない、成長性をあまり重視していない経営ともいえます。

以前お話ししたように、貸借対照表の**右側（純資産＋負債）は調達源泉であり、左側（資産）はそれをどのように運用しているのか**を明らかにしています。

自己資本は返済する義務がなく、他人資本は返済する必要があるため、会社の安全性を考えれば、自己資本を増やし、他人資本をなるべく返済していくことがよい方法だと考えられます。

しかし、利益が出る超優良企業の場合は、全額自己資本ではなく、一部を他人資本で資金調達したほうがよいのです。

なぜだと思いますか？

それは、**利益が出た場合、資金を調達した株主に配当という形で、資金が社外に流出することになるからです**。例えば、1株あたり10円の配当なら、100株持っている株主は1000円、5000株持っている人は50000円受け取れます。

一方、金融機関から借り入れた場合、信用があればあるほど、低金利で借りられます。仮に年利0.8％で1億円借りても年間の支払金利は80万円です。会社の業績が悪ければ悪いほど金利は高いですが、優良企業の場合は低金利で借りることができます。

株主配当と利息の支払い、どちらが得かを考えて、資金調達をする必要があります。

経理パーソンの役割は、借入金を返済することばかりを考えるのではなく、株主配当と借入れによる利息、どちらが社外に流出する金額が多いのかを考えながら、調達源泉を考える必要があります。

Most
Excellent
Accounting

一流は、自己資本を増やすばかりでなく、借入れにも目を向ける

今日から
踏み出す
第一歩

安全性を評価するうえで
自己資本比率は高いほどよいが
その一歩先も考える。

最強分析

三流は、会社の業績を損益計算書で考え、二流は、貸借対照表で考え、一流は、何で考える？

財務諸表とは、企業を取り巻く利害関係者の皆様に会社の状況を明らかにするために作られた報告書類をいい、その中心に損益計算書、貸借対照表があります。

経理の皆さんには、「今さら」ですね。

損益計算書は、1年間の経営成績が黒字か赤字かで明らかにされるので、分かりやすく、貸借対照表よりも理解しやすい報告書と言われています。

しかし、損益計算書では、**1年間の成績しか明らかになりません**。学校でもらう通信簿と一緒です。1学期の成績、2学期の成績、1学年の成績というように、そのときの成績（業績）しか分からないのです。

それに対して、貸借対照表は、創業以来積み重なってきた歴史なのです。

創業時、100万円でスタートした現金預金が、今では10億円になり、備品しかなかった固定資産が、建物、土地、車両運搬具と増え、設備投資用に借り入れた融資も3億円あるなど、貸借対照表は創業から今までの歴史を明らかにしたものでもあるのです。

人でたとえるなら健康診断書。生まれてから、食べ、運動し、睡眠し、様々な経験を経て今の数値になっています。

特に純資産の部の利益剰余金を確認すれば、今までの積み上げてきた利益が分かります。

損益計算書で当期純利益が100万円の赤字でも、過去の利益の積み重ねである繰越利益剰余金が10億円あれば大した問題ではありません。

損益計算書で明らかになる利益は、たった1年間の利益。貸借対照表で明らかになる利益は創業以来の利益の積み重ねなのです。

そして、損益計算書と貸借対照表を結びつけて考える分析があります。

それが「**ROE**」と「**ROA**」です。

ROE（自己資本利益率）は、別名、株主資本利益率とも言われ、株主の資本（自己資本）をいかに効率よく運用できたかを分析します（ROE＝利益／自己資本×100）。

利益が分子なので、高ければ高いほど効率よく利益を上げていることになります。

ROA（総資産利益率）は、会社が持っている総資産（総資本）を投入して、どれだけの利益を上げているかを示す指標です（ROA＝利益／総資産×100）。

ROEとROA、どちらも、損益計算書にある利益と、貸借対照表にある自己資本

P/L

売上総利益	×××
営業利益	×××
経常利益	×××
税引前当期純利益	×××
当期純利益	×××

B/S

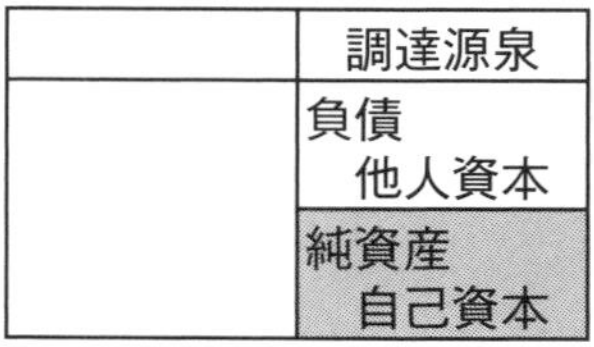

各利益額 / 自己資本 ← **株主の資本をいかに効率よく使ったか‼**
一般的には当期純利益を分子にする

B/S

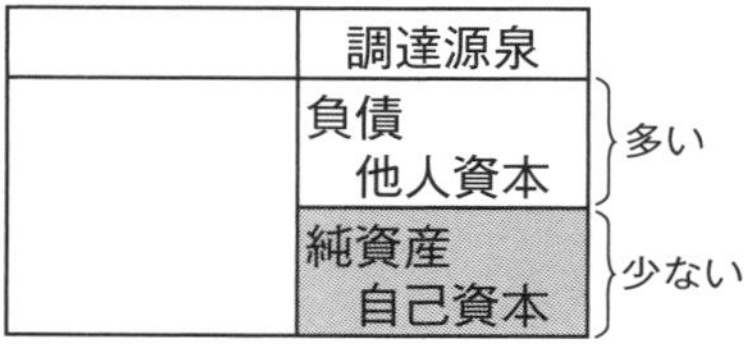

ただし調達源泉を
他人資本にたよっていると
比率が大きくなってしまう‼

や総資産を使用して計算する万能な分析方法なのです。

今期は、どれだけ利益を計上したかを損益計算書で明らかにするだけでなく、貸借対照表で利益の積み重ねを見ます。

そして2つの財務諸表を使って、どれだけ効率よく、または総資産を活用して利益を上げているか、判断する目が必要になります。

P/L

売上総利益	×××
営業利益	×××
経常利益	×××
税引前当期純利益	×××
当期純利益	×××

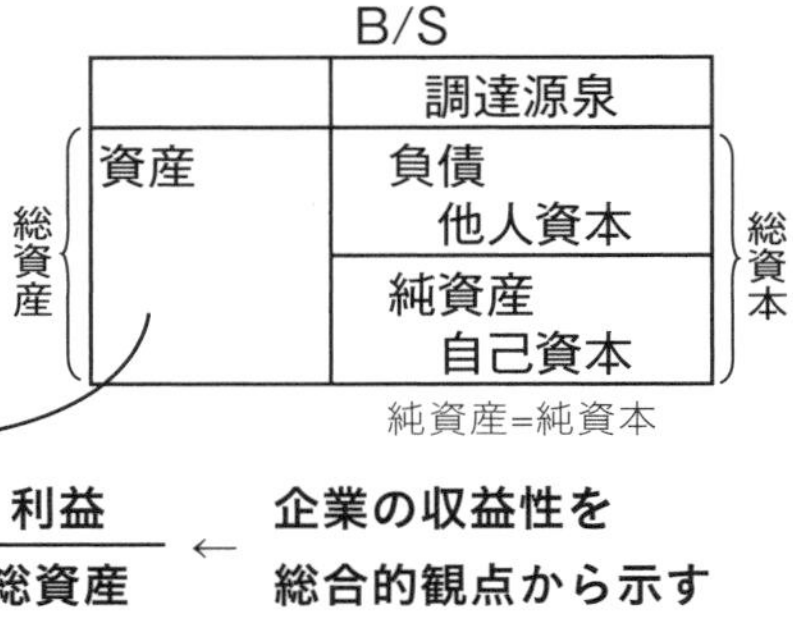

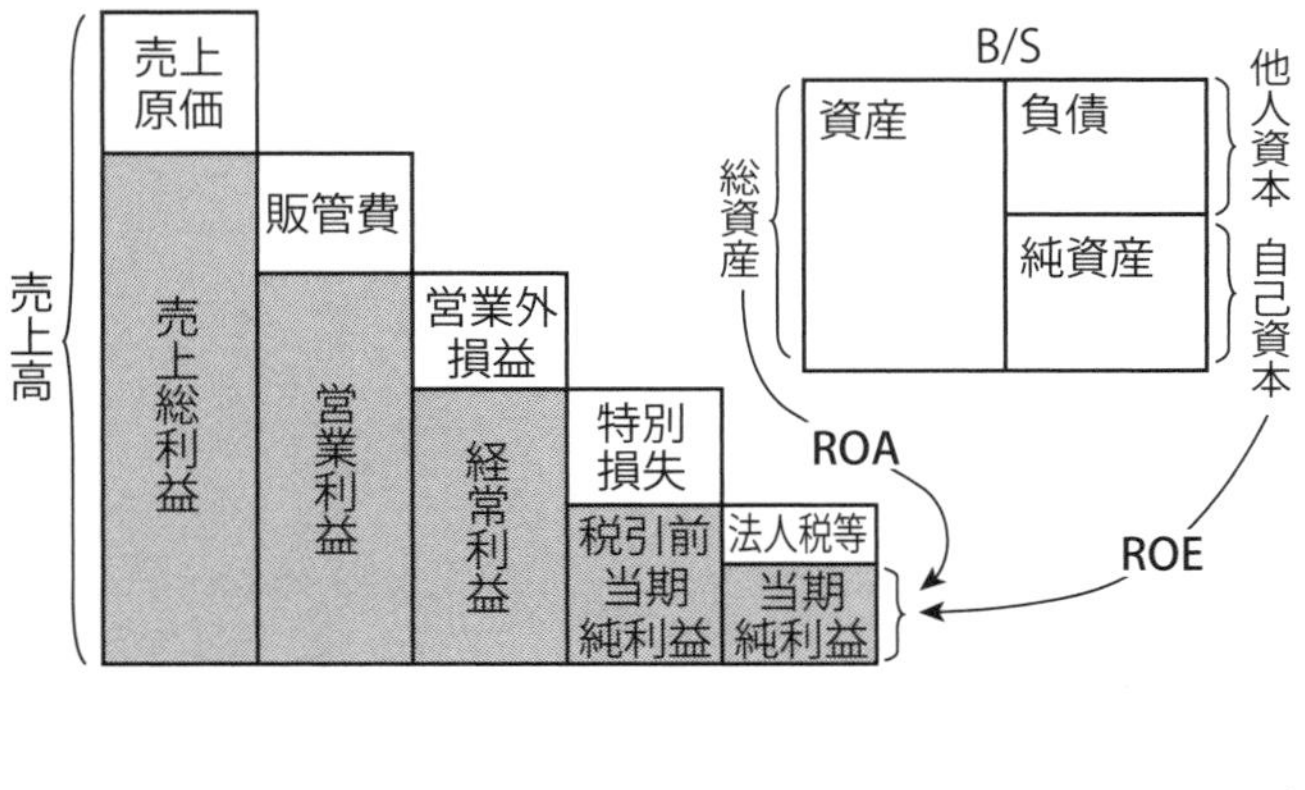

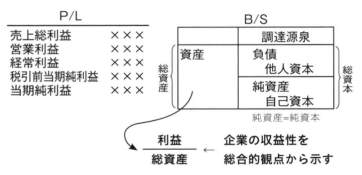

Most
Excellent
Accounting

一流は、損益計算書、貸借対照表、両面から考える

今日から
踏み出す
第一歩

P/LとB/S、各分析ができたら次は自己資本や総資本からどれだけ利益を計上したか考えてみる。

Chapter 4

一流の「企業会計ルール」とは

会計のルール

三流は、実務経験のみで判断し、二流は、PL原則、BS原則も判断材料に入れ、一流は、何で判断する?

30年以上前、北海道にある本社から埼玉にある支店に転勤になりました。まだ新しい支店で規模は小さく、事務員は5名。私だけが20代で、残りの4名はすべて40代後半でした。実務経験が20年以上離れた上司や先輩なので、実務的能力では、まったく太刀打ちできません。一生懸命、実務的能力を養っていきましたが、教わることだらけでした。

実務的能力では、かなわない。

そう思った私は、専門的能力を身につけることにしました。宅地建物取引主任者の試験や難易度の高い建設業経理事務士1級にチャレンジしていったのです。実務的能力ではかなわない分、専門的能力を養うことで、会社に貢献しようと考えました。

ネットもLINEもなく、というより携帯電話もない時代。ポケベルや自動車電話が普及しはじめたころでした。

プレハブの独身寮にひとり、歳の近い同僚も友達もいなかったため、勉強する時間は十分にありました。

無事、建設業経理事務士1級に合格。本社の取締役からお祝いの電話がかかってくるほど驚かれました。全社含めて最初に、というより、全国でも取得の順番は1000位以内だと記憶しています。

建設業経理事務士1級の試験範囲に、損益計算書原則（以下PL原則）や、貸借対照表原則（以下BS原則）、一般原則があります。これらの原則は実務では勉強しません。日商簿記2級、建設業簿記2級でも学ばないため、知らないで経理をやっている方も多いと思います。

PL原則とBS原則は、法律でいえば、刑法、会社法、民法のようなものです。犯罪に巻き込まれたら刑法を、会社のトラブルなら会社法を、民事の事件なら民法を調べると解決できるというように、その問題に直面すれば解決できるような内容です。

例えば、総額で表示する、費用と収益は対応させる、損益計算書の5つの利益に区分する、資産・負債・純資産をすべて記載するなど、当たり前のことが書かれています。

このPL原則とBS原則の上位に、**「一般原則」という会計の王様**があります。

これは、ほとんどの方が知らないものです。

法律でいえば憲法のようなもの。

憲法は、刑法や民法などと違い、普段の暮らしで意識せず、幸福追求権や生存権など当然の権利なのに見過ごして損をすることもありますよね。

一般原則も同じで、会社の方針を何の疑いもなく踏襲していると、会計上、損をしている場合があります。

詳しくは後述しますが、会計の判断を実務的能力で判断するか、PL原則・BS原則で判断するか、または一般原則を知ったうえで判断するか。知っているか知らないかで、会社の意思決定も違ってくるのです。

Most
Excellent
Accounting

一流は、一般原則も読み込み仕事にあたる

今日から
踏み出す
第一歩

休みの時間を利用して
一般原則を調べてみよう！

真実とは

三流は、会計処理に不安を覚え、二流は、唯一無二の方法にこだわり、一流は、どうする？

有形固定資産の価値の目減り分を計算する減価償却費には、定額法、定率法、生産高比例法、級数法など、様々な会計処理があります。

商品売買の記帳方法には、三分法や分記法、総記法。

棚卸資産を評価する算定方法には、先入先出法、移動平均法などがあります。

いろいろな会計処理があるなかで、どの会計処理を使うのか。不安を覚えたことがある人も多いでしょう。

また、様々な方法があるのにもかかわらず、**勉強不足のために気づかず、不利な会計処理をして会社に損失を与えてしまう場合**もあります。

一般原則とは、モラル、総括的なもので、法律でいうところの憲法（と私は思っています）にあたります。

一般原則は、「真実性の原則」「正規の簿記の原則」「資本取引・損益取引区分の原則」「明瞭性の原則」「継続性の原則」、「保守主義の原則」「単一性の原則」と7つあります。そのなかでもトップ中のトップ、その頂点に君臨するのが真実性の原則です。

一般原則・一

企業会計は、企業の財政状態及び経営成績に関して、真実な報告を提供するものでなければならない。

「一般原則・一」にある**「企業の財政状態及び経営成績」**の「財政状態」とは、資産、負債、純資産の期末残高のこと。「経営成績」とは、収益から費用を差し引いて求める利益のこと。これらは企業を取り巻く利害関係者の皆様に貸借対照表、損益計算書を用いて、報告しなければならないことを言っています。

ここで注意するのは、真実な報告の**「真実の意味」**です。

「真実」という言葉の定義には、「絶対的真実」と「相対的真実」があります。

例えば、１＋１＝２これ以外にないというのが絶対的真実。

これに対して、「２」だけではなく、漢数字の「二」や「弐」、ローマ数字の「Ⅱ」でもよいと言うように**正しいものは唯一ひとつではない**という考え方が**相対的真実**です。


真実性の原則の真実とは、「相対的真実」を意味しています。

つまり、有形固定資産の減価償却の計算方法については、会社の実状や法律に応じて、定額法でも定率法でもよいし、商品売買の記帳方法も原則自由です。

一般原則を知らないと、会計処理を狭めてしまい、結果的に会社全体の利益を損なう可能性もあります。

唯一無二の方法にこだわらず、ほかによい方法はないかなど、柔軟に模索していく必要があります。

Most
Excellent
Accounting

一流は、真実性の原則の真実の意味を知った上で会計処理をする

今日から
踏み出す
第一歩

会計を勉強し、取り入れることで会社に貢献することができる。

正しい処理

三流は、仕訳を適当に行い、二流は、借方、貸方に配慮し、一流は、どうする？

「一般原則・二」の原則は以下のとおりです。

企業会計は、すべての取引につき、正規の簿記の原則に従って、正確な会計帳簿を作成しなければならない。

ここでいう「すべての取引」とは、資産・負債・純資産・収益・費用に増減変化をもたらす取引を指します。

この取引を「会計帳簿」、つまり財務諸表を作成する土台になる仕訳帳や総勘定元帳に正しく記録してくださいよということです。

日常業務として行っていた**取引が発生したら、仕訳帳に仕訳を切って、総勘定元帳に転記をする手続き**は、実は「一般原則・二」によって求められていたのです。

つまり、企業を取り巻く利害関係者の皆様に報告するため、簿記上の取引（資産・負債・純資産・収益・費用）を仕訳帳、総勘定元帳にすべて記録し、それらの会計帳簿に基づいて財務諸表を作成しなさいと要請するものです。

仕訳を適当に行う人はいないと思いますが、適当にしてはいけない理由は、この日々の記録によって作成された財務諸表が利害関係者への報告書類になるからです。

では、ここでいう正確な会計帳簿の**「正確な」とは、どのような会計帳簿**でしょうか?

それは、①網羅性　②検証可能性　③秩序性、この3つの要件を満たすものです。

①網羅性とは、取引のすべてが記録されていることを指します。つまり、会計帳簿に記録すべき事実がすべて漏れなく記録されていることです。

例えば、取得した備品（資産）が100万円あるのに計上しない。借入金（負債）400万を返済したのに計上しない。500万円の増資（純資産）をしたのに計上されていない。給料（費用）50万円を支払ったのに計上していないなどは、論外です。すべての取引を会計帳簿に記録する必要があります。

②検証可能性とは、取引の事実を検証可能な証拠資料に基づいていることを指します。

つまり、納品書、請求書、領収書など取引の証拠となるものです。例えば、事務用品を買いました、接待で飲みに行きましたなどの精算には、領収書などの証拠資料が必要です。

③秩序性とは、すべての記録を継続的、組織的に体系化すること。つまり**取引⇓仕訳⇓総勘定元帳⇓財務諸表という流れ**です。

この3つの要件を満たすものが、実は**複式簿記**なのです。

借方・貸方、**左右に分けて仕訳をしていたのには意味があった**のです。

そして、請求書や領収書の保存義務も、この原則の要請によるものです。

ただし、正規の簿記の原則は、複式簿記によって正確な会計帳簿を作成することを要請しているのかというと、その答えだと80点です。

帳簿上、現金や商品があっても、紛失したり、壊れている場合もあります。

そこで、複式簿記による会計帳簿で正確な計算をしながら、**月末や期末に、棚卸などの実地調査で正確性を補完すること**も求めています。

Most
Excellent
Accounting

一流は、正規の簿記の原則に従って正確な財務諸表を作成する

今日から
踏み出す
第一歩

日常行っている会計処理にも
もととなる原則があることを
知って実務に向かう。

安全管理

三流は、利益を過大計上し、二流は、資本取引と損益取引の区別ができず、一流は、どうする?

突然ですが、あなたは1万円を財布に入れて競馬に行きました。

1万円を使って2万円勝ちました（手元に残ったのがトータル3万円）。

1万円は元手で、2万円が利益になります。

そのあと、お祝いに飲みに行きました。

2万円分で飲み食いをするなら、利益だけを使ったことになりますが、もし、2万4千円飲み食いしたら、元手である資本を4千円食いつぶしたことになります。


会計の世界でも、純資産の部にある元手（資本）と利益（損益）は、ちゃんと区別するよう一般原則・三（資本取引・損益取引区分の原則）で要請されています。

一般原則・三

資本取引と損益取引とを明瞭に区別し、特に資本剰余金と利益剰余金とを混同してはならない。

資本取引とは、元本である資本金そのものの増減取引です。投資家が資金を援助する出資、追加で出資する増資などがあります。出資には、金銭以外にも自動車や有価証券、土地などの「物」で出資する現物出資があります。どの取引も資産が増えて、同時に資本金（純資産）も増える取引です。増資の逆で減資もありますが、こちらは資本金を減らすことになります。

一方、損益取引とは、収益や費用が増えたり減ったりする取引をいいます。収益から費用を差し引いてプラスなら利益、マイナスなら損失です。損益取引の損が損失、益が利益になります。簡単な計算式でいうと９００円（収益）－７００円（費用）＝２００円（利益）です。

資本取引は、元本そのものの増減取引。

損益取引は、収益・費用の増減取引です。

気軽に（誰も気軽にはやらないと思いますが）、ごっちゃにすると大変になりますよと一般原則・三の注解2（1）で解説しています。

注解2（1）

資本剰余金は、資本取引から生じた剰余金であり、利益剰余金は損益取引から生じた剰余金、すなわち利益の留保額であるから、両者が混同されると、企業の財政状態及び経営成績が適正に示されないことになる。従って、例えば、新株発行による株式払込剰余金から新株発行費用を控除することは許されない。


「新株発行費用を控除することは許されない。」とメチャクチャ強い口調で説いています。

この注解を仕訳にすると分かりやすくなります。

〈資本取引と損益取引を明瞭に区別した正しい仕訳〉

【資本取引】

当座預金　２０００　／　資本金　１０００

株式払込剰余金　１０００

【損益取引】

新株発行費　１００　／　当座預金　１００

※株式払込剰余金が資本の増加、新株発行費が費用の増加です。

〈資本取引と損益取引を混同した間違えた仕訳〉

当座預金　１９００　／　資本金　１０００

株式払込剰余金　９００

＝資本取引（資本の食いつぶし）

（新株発行費）　０

＝損益取引なし（費用計上なし）

資本取引と損益取引を相殺すると、株式払込剰余金という**資本が本来1000残るところが900に食いつぶされています**。

何が問題なのか?

新株発行費用という費用が増加しないために、**利益が過大計上**されます。

利益は、収益から費用を差し引いて求められるため、新株発行費という費用が少ない分、利益が増えるのです。

利益が増えてしまう分、**税金や配当で資金が社外に流出**してしまいます。

計算式の例では、額が少ないのでピンとこないかもしれませんが、混同した仕訳を切ってしまったがために何億円も社外に流出してしまう危険性もあるのです。

一般原則には、「**保守主義の原則(一般原則・六)**」があり、保守的な会計処理を要請しています。保守的な会計処理とは、**収益はできるだけ確実なものだけを計上し、費用は細大もらさず計上することで、利益をできるだけ押さえ、資金流出を防ごう**とする考え方です。「資本取引・損益取引区分の原則」も「保守主義の原則」も企業の安全を守るためにあるのです。

Most
Excellent
Accounting

一流は、資本取引、損益取引を区別して企業の安全を守る

今日から
踏み出す
第一歩

利益を出して喜ばない。
仕訳を間違えるだけで莫大な損失を発生させる場合もある。

明瞭性

三流は、利害関係者に配慮せず、
二流は、勘定科目で処理し、
一流は、どうする？

「この会社と取引しようかな？」

「社債を購入したいけど大丈夫かな？」

「広告業界に転職したいけど、何社か比較したいな？」

あなたは、他企業の会社の状況を知りたいと思ったことはありませんか？

そのときの指標になるのが財務諸表ですが、各企業がバラバラに報告してきたらどうなるでしょう？

見づらいし、比較しづらいし、調べるのにも時間がかかりますよね。

そこで**一般原則・四（明瞭性の原則）**では、このよう

A社	
収益	2000
利益	500
費用	1500
資産	3000
負債	2000
純資産	1000

B社	
お陰様で増収増益!!	
収益	5000
利益	1000
資産	3000
負債	1000
純資産	2000

C社	
利益	4000!!
収益	10000
費用	6000
純資産	3000
負債	4000
資産	7000!!

な要請をしています。

一般原則・四

企業会計は、財務諸表によって、利害関係者に対し必要な会計事実を明瞭に表示し、企業の状況に関する判断を誤らせないようにしなければならない。

一般原則・四を平たく言えば、様々な利害関係者が利用するから、判断を間違わないように見やすくしてね！　という規定です。

では、様々な利害関係者とは、どれぐらいいると思いますか？

実は、**得意先、仕入先、取引先、国、地方公共団体、商工会議所、法人会、税務署、銀行ほか金融機関、協力会社、関係会社、親会社、子会社、債権者、債務者、投資家、株主、消費者、就活生、従業員**など、結構いるんです。

そして、この利害関係者のなかには、年配の投資家、就活生など会計に詳しくない方も当然、含まれています。そのような方のためにも、**見やすく、分かりやすく、簡単に理解**

できるように財務諸表を作ってくださいよ！　と要請しています。

　例えば、Ａ不動産から土地を借りて支払地代（費用）を年間１２００万円支払い、同じＡ不動産に建物を貸して年間８００万円の受取家賃（収益）を受け取っていた場合。費用と収益を直接相殺して純額４００万円と損益計算書に計上せず、支払地代１２００万円、受取家賃８００万円と総額で表示する総額主義。

　仕訳上は、資産は借方（左側）、負債は貸方（右側）に記録するけれど、貸借対照表上は、建物30万円と減価償却累計額（価値の目減り分28万円）が離れていると分かりづらいので、建物のすぐ下の行に表示する方法（減価償却累計額は厳密には負債ではなく

貸借対照表

建物	300,000	減価償却累計額	280,000

左右に分かれていると 300,000 円の価値のある建物だと思われる。

貸借対照表

建物	300,000		
減価償却累計額	280,000		
	20,000		

実際は 20,000 円の価値しかないことがわかる

「評価勘定」)。

財務諸表には会社名、会計期間(もしくは会計期末)、金額の単位なども必ず明らかにする必要があります。

さらに仕訳では、会社の実状に応じて勘定科目を決めることができます。

例えば、売掛金でもB商店、C商店、D商店と得意先名で記録することが認められています。しかし、企業を取り巻く利害関係者の皆様に表示する**財務諸表では「売掛金」として表示**します。

売上は売上高、仕入は売上原価、繰越商品は商品、当座借越は短期借入金というように、会計に詳しくない利害関係者もいるので、少しでも分かりやすく表示するように努めているのです。

一般原則には、そのほか、**一度行った処理や手続きは正当な理由でもない限り、継続適用しなければならない「継続性の原則」(一般原則・五)**があります。

前述したとおり「真実性の原則」における真実とは、絶対的真実ではなく相対的真実でした。例えば、減価償却の計算方法は定額法を使っても定率法を使っても自由！

しかし、ここで問題が発生します。

相対的真実を悪用して、「今期は利益が出るから定率法で」「今期は利益が出ないから定額法で」と、利益操作に利用される恐れがあることです。

そこで登場するのが**「継続性の原則」**です。

継続性の原則は、一度、定額法と決めたら正当な理由がない限り、定額法を継続してください、利益操作のために変更してはダメですよ！　と規定しています。

そしてもうひとつが、「**単一性の原則**」**（一般原則・七）**。

財務諸表を税務署用、金融機関用、国や都道府県用など、異なる形式で作ってもいいけれど（作ってもいいというより、提出先によってオリジナルを求められる）、大元となる財務諸表はひとつですよ！　いわゆる二重帳簿はダメ！　もとになる帳簿は、「真実性の原則」をはじめとした「一般原則」に基づいて作成してくださいと要請しています。

最後に一般原則のポイントをまとめました。

・**真実性の原則**……企業は真実な報告をしなければならない

それを支えるのが以下の６つの原則です。

・**正規の簿記の原則**……正確な会計帳簿の作成
・**資本取引・損益取引区分の原則**……資本と利益の区別をしなければならない
・**明瞭性の原則**……財務諸表を見やすく
・**継続性の原則**……原則・処理の継続適用
・**保守主義の原則**……健全な会計処理
・**単一性の原則**……二重帳簿の排除

繰り返しになりますが、実務的能力はもちろん重要ですが、ＰＬ原則、ＢＳ原則、一般原則などの会計原則も極めて、会社の方向性を考える必要があります。

Most
Excellent
Accounting

一流は、明瞭性の原則を守り、財務諸表を見やすくする

今日から
踏み出す
第一歩

企業を取り巻く利害関係者の
皆様のために分かりやすい
財務諸表を作成しよう。

Chapter 5

一流の「デスクワーク術」とは

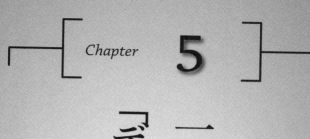

効率化

三流は、融資の申込書類をオリジナルで考え、二流は、過去を真似し、一流は、何をする？

融資の申込書類や棚卸一覧表をゼロから考えて作成するのは、骨が折れます。何も参考にせず、オリジナルで考え抜いたら、これほど手間なことはありません。最初から最後まで完全高級オーダースーツのように仕上げていくのは非効率的ですし、作成まで時間もかかるので人件費も増えます。融資の申込書類など、提出する金融機関が違っていても中身はほとんど変わらない場合が多いのに、ゼロから考えるのは時間のムダです。

そこで必要なのは過去を真似ること。

札幌の建設会社に在籍していたときの話です。

東京の親会社からKさんが取締役総務部長として出向してきました。

Kさんは3週間以上、書庫に入りびたりで過去の資料を読みふけっていました。社史にはじまり、株主総会議事録、取締役会議事録、決算書、稟議書、始末書、日報に至るまで、過去にどんなデータがどんな方法で作成されていたかを熟知していったのです。

3か月も経つころには、初めての北海道、初めての赴任先なのに、3年勤めている私よりも会社のことに詳しくなっていました。

「過去を調べれば今は分かる。特に書類は繰り返し作られるから真似すればよい」と、ススキノでビールを飲みながら、教えてくれました。

さて、先ほどのゼロから作成する会社。

「そんな会社ないだろう」と思う方もいるかもしれませんが、実在したのです。しかも、有名な大企業です。そして、その会社では残念なことに過労死の方が出てしまいました。

このとき、二度と同じような過ちを繰り返さないために、仕事の効率化会議が開かれました。そこで**提案されたのが真似をすること**だったのです。

それまでは、残業しようが終電までかかろうが、お客様ひとりひとりに対して、ゼロから書類を作成していたのです。しかし、これでは効率が悪すぎる。

そこに気がつき、同じような書類を作成している仲間たちと作り方を共有して、真似し合い、効率的に仕事をできるように取り組みました。

それまでは、社員がバラバラで書類を作る。仲間意識より、ライバル意識が強かったのかもしれません。

そして、過去の書類のよいところを真似しつつ、新しいアイディアを付け加えてレベルアップしていきました。

よいと思った書類は上司が社員にシェアし、メールの文面、謝罪文、クレーム対応のやり方、礼状など、よいものをどんどん取り入れていったのです。

ゼロベースで作成せずに、過去の書類を真似する。そして社員同士、よいアイディアはシェアし合う。そんな効率的な取り組みが必要です。

Most
Excellent
Accounting

一流は、真似をし、さらに改善してシェアをする

今日から踏み出す第一歩

ゼロから作り出すのは大変。
過去の資料を見直そう。

眠気防止

三流は、眠気防止のアイテムに頼り、二流は、仮眠をとり、一流は、何で解消する？

長時間、デスクワークをすることが多い経理職。

私も30年以上、事務職として働いていますが、午後からは眠気との闘いでもあります。

眠気防止アイテムも年を重ねるごとに増えてきました。

ミントガム、硬いせんべい、コーヒーなどのカフェイン。口から入れるモノなら、この3つが最強です。そして週に一度ぐらいならノンシュガーのエナジードリンク。体が燃えてくることをイメージして、仕事に取りかかることができます。

体への刺激なら、**顔を洗う、手に刺激を与える、足を冷やす**。

顔を洗った後に冷却シートで拭く。顔が引き締まった感じになって一気に眠気が吹き飛びます。温まるとまた眠くなりますが……。

手には、マッサージグリップや触覚ボールなど握るとイボイボの突起が手のひらを刺激して眠気防止になります。今は市販のグリップを使っていますが、20代のころは左手にクルミを2つグリグリと握りしめて働いていました。

足は、青竹踏みやツボ押し足踏み。余談ですが、初任給で父と母にツボ押しサンダルをプレゼントしました。冷やすのも効果的です。冷却スプレーをかけると、脳が寒くなったと錯覚して体温調節するために目が覚めると言われています。

そのほか、ブドウ糖が豊富に含まれているチョコレートは脳を刺激し、首を回したり伸びをする柔軟体操は体を覚醒させ、歯磨きも効果的です。

しかし、どうしても眠いときはパワーナップ。**パワーナップとは、12時〜15時くらいの間に15分から30分の仮眠をとること**です。

コーネル大学の社会心理学者ジェームス・マース氏の研究により広まり、Google、Apple、Microsoft、NIKE、日本では三菱地所も導入しています。

NASA（アメリカ航空宇宙局）が宇宙飛行士に行った実験でも、昼に平均26分の仮眠で、認知能力が34％、注意力が54％も向上するという効果が実証されました。

究極なのは、**立って仕事をすること**。

座りっぱなしだと眠くなりますよね。さらに驚愕な研究結果があります。デスクワークの時間が長いほど、肥満、糖尿病、がんなどの可能性が増え、寿命も縮まると言われているのです。1日8時間以上座っている人は、3時間未満の人と比べて、死亡リスクが1.2倍という研究結果もあります。

一流の講師とオンライン会議をしていると、スタンディングデスクで打ち合わせをする人が増えました。パソコン仕事も立ってやるそうです。

スタンディングデスクは、難しい環境の会社も多いですが、会議や打ち合わせを立って行うのもよいでしょう。

眠気防止のみならず健康のためにも1時間に1回は立ち上がる。内線を使わず会いに行く。玄関までお客様を迎えに行くなど、こまめに動いてみましょう。

社内にいるときでも3000歩は歩くなどの目標を立ててみてください。人は不思議なもので、**記録をすると張り切りだします**。私も万歩計のアプリをインストールし、1日8000歩を目標に掲げた途端、些細なことでも立ち上がり、歩くようになりました。

眠気防止のみならず、健康のためにも、ぜひ取り入れてみてください。

Most
Excellent
Accounting

一流は、立って仕事をする時間を増やす

今日から
踏み出す
第一歩

**時間の使い方は量より質。
眠気を覚まして目の前の仕事に
集中する。**

賞罰

三流は、集中力が切れ、二流は、小さなご褒美で解消し、一流は、何で解消する？

デスクワークを続けていると、徐々に集中力が切れ、生産性は下がり、ミスも増えていきます。

厚生労働省の「健康づくりのための睡眠指針２０１４」では、「人間が十分に覚醒して作業を行うことが可能なのは起床後12〜13時間が限界であり、起床後15時間以上では酒気帯び運転と同じ程度の作業能率まで低下する」と書かれています。

注意すべきは、**仕事をはじめてからではなく、起きてから**なんです。６時起きなら夕方６時には限界を迎え、夜９時にはお酒をチョビチョビ飲みながら作業をしているのと同じ状態になる。それではミスも増えますよね。

そんな生産性の低い時間に仕事をする社員も不幸ですが、生産性の下がっている社員に定時の１・25倍以上の給与を支給する経営者も不幸です。

お互い不幸なら、残業しない仕組みづくりが必要です。

12、13時間で集中力が切れ、15時間で酩酊状態、個人差はあるでしょうが、**起きてから徐々に集中力が切れていくことは、どんな人も大差なく同じ**だと思われます。

つまり、午前中より午後、集中力は切れてくる。

ではどうするか？

集中力の高い午前中に、優先順位の高い仕事を行い、午後に集中力を使わない伝票整理やレシート・領収書などの整理整頓、打ち合わせなどの軽い仕事を行う。時間配分をうまくやることで、仕事の効率を上げるのです。

しかし、午前中に急なお客様が来たり、部下からの相談が長引く。午後から大変な仕事が舞い込んでくる。そんなときもあります。

そんなときは、**自分に臨時ボーナス！　ご褒美を設定**するのです。

例えば、「ここまで終われば、ファミチキを買って帰ろう」「いつも発泡酒だけどビールを飲もう」など、自分が喜ぶことなら、何でもいいのです。

退職給付金のチェックや登記手続きなど面倒な仕事なら、普段食べられない豪華なものでも家族にケーキでも、難易度の高さに応じて、ご褒美も贅沢にする。

ぜひ、試してみてください。**大変な仕事をしているのに、なぜかニヤニヤしてきます。**「大変だなぁ」と思っていたことでも、その後に楽しみがある、ケーキを見て笑顔で喜んでいる家族を想像するだけで頑張れるものです。

さらによいのが、罰も与えること。

完璧にできたら、濃いめのハイボール、50％完成したらハイボール、20％ならノンアルコールビール、何も手をつけなければ水道水というように、成果によって賞罰を与えることで、より一層やる気になります。

真夏日に水道水だと1日の疲れも取れません。せめてノンアルコールビールは飲みたい。そう思って、手を動かしてしまえば、こっちのもの。ドイツの精神科医、エミール・クレペリン氏によって提唱された、**一度作業をはじめると続けたくなってしまう作業興奮。**この作業興奮が発動すれば、やる気の出ない仕事も継続できるようになります。

その効果を利用するために、賞だけではなく罰を与える。楽しみながら仕事をすることが重要です。

Most
Excellent
Accounting

一流は、集中力が切れたら、賞だけでなく罰も考える！

今日から
踏み出す
第一歩

集中力が切れたときの
ご褒美と罰を考えておく。

超整理

三流は、机の上に書類を積み上げ、二流は、机を片づけ、一流は、どうする？

新入社員のころは、乱雑になった机やその机の上に積み上がった書類を素早く処理していく。それが、「できるビジネスパーソン」だと勘違いしていました。

作りかけの給与計算、補助簿のファイル、15時に約束している銀行の名刺、飲みかけの缶コーヒーに、ミニサイズの柿の種の袋の切れ端、丸くなった消しゴムに出ない緑色の蛍光ペン。どこに何があるか分からない、電卓をたたくスペースがない、伝言をどの書類の裏にメモしたか分からなくなり連絡できない……これでは、作業効率が落ちてしまいます。

重要な仕事をしているのに机の右端にある名刺が目に入り、担当者の顔や融資の打ち合わせが成功するかなど雑念が入り、目の前の仕事に集中できなくなります。

あるとき、退社時に「資金繰り表」を机に置きっぱなしにして帰り、次の日、烈火のごとく上司に叱られました。

私としては、出社してすぐ仕事をはじめられる状況にしておきたいという言い訳があったのです。しかし、資金繰り表は機密情報。お客様や金融機関などの外部の人に見られるかもしれません。次の日、誰よりも早く来て仕事をしようと思っていても、風邪で会社を休んだり、電車が遅延して遅れたりするかもしれません。私がいない間に資金繰り表がずっと置いてある状態だと、様々な人に見られて私の信用も失われます。

上司に叱られて以来、机をきれいにして帰る習慣が身につきました。

机が片づくと、探しモノは減り、電卓も水平な位置でたたくことができ、伝言をメモした紙もすぐに発見できるようになりました。

ほかの書類や稟議書なども同様です。目に入るたびに集中力が失われます。私は後方のラックに収納していますが、配置上、机に置かざるをえない場合は、書類はすべて書類箱に入れて蓋をしめておくことをお勧めします。

さらに、今では極限まで机の上にはモノを置かないようにしています。

机に置いてあるモノに、「本当にお前は、今やっている仕事に必要があるのか、必要じゃないのか、必要じゃないのになぜ机にあるんだ」と語りかけるといいです。もちろん周りの目もあるので、口に出さずに問いかけます。

この筆記用具は本当に必要なのか？　突き詰めると今の仕事に必要なのは4色ボールペンと定規だけ。必要ない筆記用具はペン立てにしまおう。そう考えているうちにペン立て自体もいらないことに気がつき、今ではペン立てごと2番目の引き出しにしまっています。ティッシュ箱は誰の机の上にも置いてあります。しかし、本当に必要なのか？　花粉症の時期は必要だが、この時期は使わない。となれば、私は引き出しにしまっています。ペットボトルで水を飲んでいるけど、飲むごとにキャップを外すのは面倒。キャップを外したままが時間効率的によい、キャップは外しておこう。

こうして、最終的には固定電話とキャップなしのペットボトル、そして目の前の仕事に必要な筆記用具とパソコンだけが私の机の上に残ったのです。

視界に余計なものが入らないので、今ある仕事に集中できます。それしかないので、ほかの仕事に目移りすることもありません。**目の前の仕事に集中して、ハイスピードで仕事をするためには、机の上を徹底的にきれいにする**ことが重要なのです。

Most
Excellent
Accounting

一流は、極限までデスクをきれいにする

今日から
踏み出す
第一歩

目の前にある仕事に集中するためにその仕事以外のものは片づける習慣をつける。

断捨離

三流は、決算書類の整理をせず、二流は、段ボールに収納し、一流は、どうする?

本社を移転したときの話です。移転前の事務所の倉庫はワンフロア分ある巨大倉庫でした。そのため書類は、段ボールに入れてどんどん収納することができました。

しかし、移転先の倉庫は狭く、この状況では、段ボールを2分の1に減らさないと入りません。

貸し倉庫を借りると経費がかかります。場所も離れるので行くのに時間もかかります。お金も時間も無駄だという理由から、整理整頓をして収納することになりました。

整理整頓の「整理」とは、必要なものと不要なものを分け、不要なものを捨てること、「整頓」とは、整理をしたあと必要なものを取り出しやすい場所に置いておくことをいいます。

全社挙げて、徹底的に整理整頓をすることを目標に、まず今後は使わない書類と使うかもしれない書類に分けました。定款や株主総会議事録、決算書など保存義務のある書類は残し、使わない書類は捨て、使うかもしれない書類は、貸借対照表でいう「1年基準」のように、**1年以内に使っているものは残し、1年を超えて使っていないものは捨てる選別**をしました。

しかし、1年を超えても、確認のため見る書類もあります。そこで、これから使う可能性のある書類で、PDF化できるものは、どんどんスキャンしてデータ化していったのです（電子帳簿保存法の改正により、今後ますます紙ベースから電子データによる保存になります）。

この取り組みで、段ボールを半分に減らすことが当初の目標でしたが、なんと4分の1にまで減らせたのです。つまり、75%の書類は紙ベースでは不要だったのです。残った書類は整理整頓をして、倉庫にきれいに収納されました。

さらに、違う効果もありました。今までは、膨大な段ボールのなかから、必要な書類を探していました。最初に見た段ボールになければ、次の段ボール、また次の段ボール……そして、やっぱり最初に見た段ボールにあるかもと2周目に突入するのです。

今は、書類が減ったため、この段ボールになければ**ないと決断でき、時間効率も良くなりました**。

しかし、今度はPDF化された書類がパソコンのなかで、ごちゃごちゃになります。パソコンのなかは、倉庫よりも膨大な敷地があります。ファイルもフォルダも増えていきます。そこで紙の書類のように、1年基準でファイルやフォルダを処分して、残ったものだけを保存していきました。

そのときに、どうしても捨てられない、複雑な関数式を作ったのに削除して使うことになったら大変と思うようなファイルは、「ゴミ箱フォルダ」の横に**「保留フォルダ」を作り、こちらに一時的に入れておく**ことにしたのです。そうすると、いざというとき（実際は、まずいざというときはない）、この保留フォルダから取り出せばいいという安心感で、ストレスが発生しませんでした。

残ったファイルは、**家系図のような形で整頓しておく**と探しやすくなります。

例えば、銀行関係なら、銀行という名のフォルダを作り、さらにツリー状にA銀行、B銀行、C銀行というフォルダを作り、そのフォルダのなかに、「資金繰り表」「受注明細表」「注文書」等のファイルを入れる。すると、すぐに見つけられるようになります。

前述したように仕事は、リズムが重要です。ゾーンに入って集中して仕事をしていても、「この書類がない」と思った瞬間、コーヒーを淹れに行ったり、雑談をはじめてしまったりしてしまいます。集中する環境を整えるためにも、整理整頓は重要な仕事なのです。

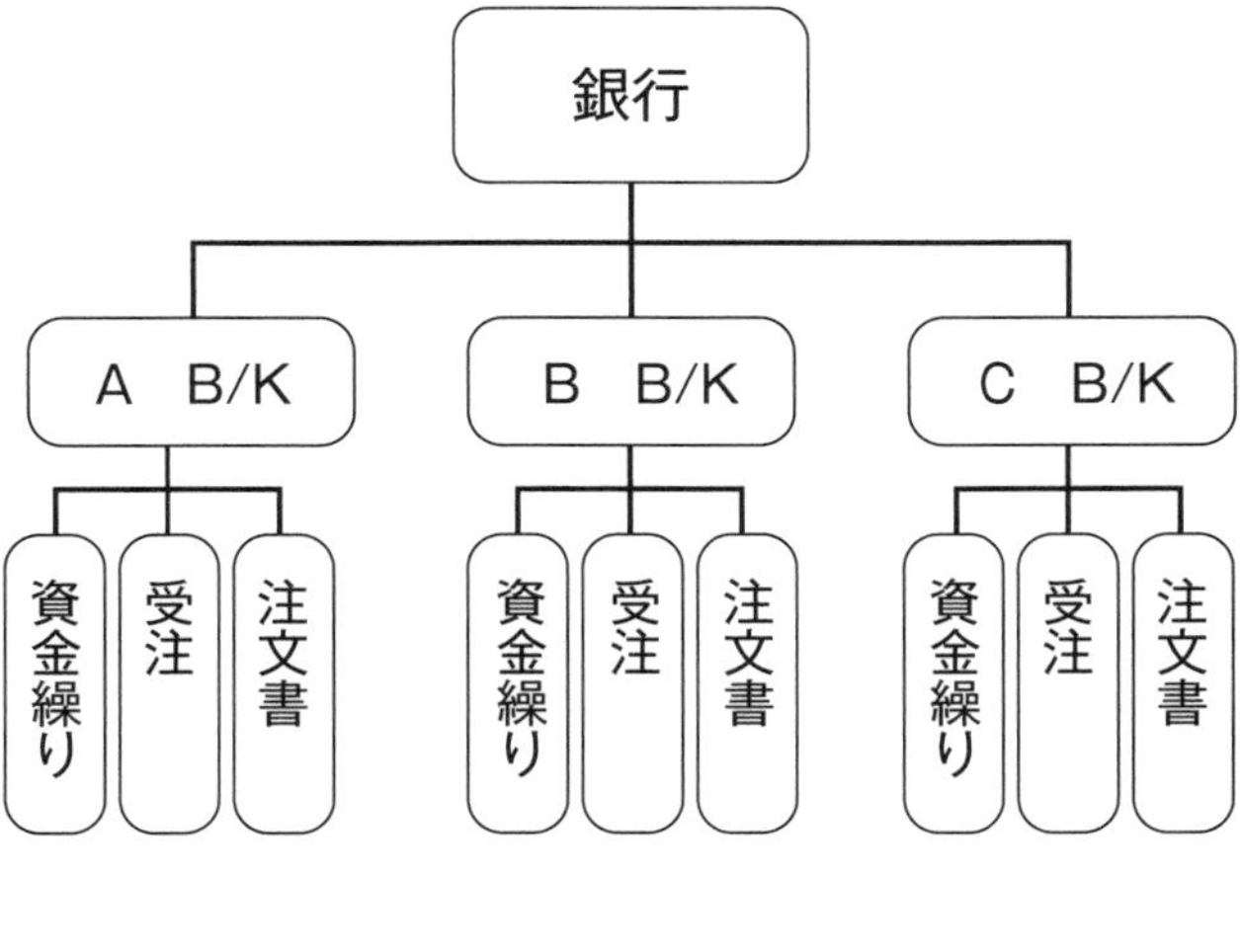

Most
Excellent
Accounting

一流は、徹底的に整理整頓をする

今日から踏み出す第一歩

片づける日を決め
一気に整理整頓してしまう。

優先順位

三流は、コウラクエンな仕事をし、二流は、重要で緊急な仕事をし、一流は、何をする？

今日は朝から、どんどん仕事が片づいていく。でも、なにかソワソワする、落ち着かない。そんなときは、ありませんか？

それは、「コウラクエン」な仕事ばかりしているからです。

コウラクエン？

ラーメン屋でも球場でもありません。

「**好**きな仕事、**楽**な仕事、**円**滑に進む仕事」の頭文字を取った造語です。

つまり、好きな仕事、楽な仕事、円滑に進む仕事ばかりやっていて、イヤな仕事、面倒な仕事、難しい仕事をやり残しているので、タスクが片づいても、気分が晴れないのです。

人は無意識だと、「好楽円」な仕事を先に行ってしまいます。

集中力がみなぎる午前中にこれらの仕事を行い、疲れてきた午後に大変な仕事を行うと、集中力は切れ、やる気も出ないので、つい明日に先延ばし。翌日も「好楽円」な仕事から先に行うので、どんどん大変な仕事がたまっていくのです。

すべての仕事は、図のように、**「重要度」**と**「緊急度」**のマトリクスによって4つに分けることができます。

現金のチェック、伝票整理、旅費精算……これらの「好楽円」な仕事は、「重要ではないが緊急」もしくは「重要でも緊急でもない」区分にあります。**「好楽円」な仕事を終わらせても、「重要かつ緊急」な資金繰り表の作成は、まだ一ミリも終わっていない**のです。

ノートにすべてのタスクを書き出し、そこから「重要かつ緊急」な仕事を選び、先に行う必要があります。

意識して「重要かつ緊急」な仕事から取り組む。「好楽円」な仕事は、午後やスキマ時間に行うのです。

	緊急	緊急ではない
重要	**重要かつ緊急** 決算書、申告書、事業年度報告書	**重要だけど緊急ではない** 5か年計画、新企画の作成、固定費・変動費の洗い出し
重要ではない	**重要ではないが緊急** 預金チェック、ルーチンワーク、メールの返信	**重要でも緊急でもない** 書類整理、有休届の確認、掃除、ファイリング

そうすると、新たに重要な仕事が入ってきても対応できます。「重要かつ緊急」な仕事が残っているのに、さらに重要な仕事が入ってきても対応できません。午前中に終わらせておけば、対応できるのです。

ただし、「重要かつ緊急」な仕事は、最終的には終わらせることができます。なぜなら、期限があるからです。例えば、決算書や申告書の作成、各種届出、**大変で面倒でも期限があるのでそれまでには終わらせようとします**。

問題なのは、「重要だけど緊急ではない」仕事です。

5か年計画や管理費の洗い出し、人件費の見直しなどは、将来的に重要なことでも、目先にある緊急な仕事を先に行うことで、つい後回しにしてしまいます。

プライベートでもそうです。

公認会計士になるのが夢だったのに、仕事が落ち着いてから、子どもが生まれたばかりだし小学校に入学してから、課長に昇進したし部下とのコミュニケーションがとれるようになってから、子どもが高校受験だから……気づいたときには、夢をあきらめてしまう。

公認会計士になることは、人生を変えるために重要なのに、緊急ではないので先延ばしして気づいたときには、手遅れになるのです。

以前、税理士仲間から「英語の先生を紹介して」と連絡がきました。お子さんのためかと思ったら、自分と社員が受講するとのこと。かなり忙しい会計事務所なのに、火曜と木曜の15時～17時までは英語のレッスンを受け続けました。

5年後、シンガポール、香港、マレーシア、インドなどの国とも取引をするようになったのです。重要でも目先のことばかり行い続けていたら、今でも国内の取引先しかなかったことでしょう。ＡＩ時代、税理士業務は、既存の仕事だけでは先細りします。「重要だけど緊急ではない」英語のレッスンをやり続ける時間を確保したことで、友人の会計事務所は生き残る戦略を立てることができたのです。

経理も一緒です。管理費の徹底的な見直し、財務体質の強化、損益分岐点売上高の精度を上げるなど、「重要だけど緊急ではない」仕事をやり続ける時間を確保することが必要です。

Most
Excellent
Accounting

一流は、
重要だけど緊急ではないことを
やり続ける

今日から
踏み出す
第一歩

早起き、通勤電車、昼休みなど、決まった時間、人生を変えることをやり続ける時間にしよう。

細分化

三流は、申告期限を過ぎ、二流は、ギリギリでミスをし、一流は、どう対応する？

経理の一大イベントと言えば、1年の集大成である決算業務です。

ところで、**「決算書」と「財務諸表」の違い**は何か分かりますか？

実務では厳密に分ける必要はありませんが、決算書は、法人税法や消費税法に基づいた用語で税法に定められています。規定されている書類は、①貸借対照表 ②損益計算書 ③株主資本等変動計算書 ④勘定科目内訳明細書の4つです。

一方、財務諸表は、税法用語ではなく、金融商品取引法、財務諸表等規則という法律に規定されている用語です。本来は、上場企業に限定された呼び方で、必要な書類は、①貸借対照表 ②損益計算書 ③株主資本等変動計算書 **④キャッシュ・フロー計算書** ⑤附属明細表で、①〜③は決算書と一緒です。

決算時に、キャッシュ・フロー計算書を作成したことがないならば上場会社（株式を公開している会社）ではないでしょう。

もちろん管理会計のため、連結のために作成する場合もあります。

話を戻して、決算書の作成。

面倒で大変な仕事でも期限があるので、ギリギリには終わらせます。なかには、資料を集められずに申告期限を過ぎてから提出する会社もありますが、それは論外だとして、期限に何とか間に合っても、見直しできずに書類の作成が間違っていたり、費用を過少に計上して余計に税金を納めてしまっていたり、最悪、過少申告しているかもしれません。

しかし、分かっていても、簡単な仕事やその日やらなければならない緊急な仕事に追われ、ついつい先延ばしにして提出期限が迫ってこないと動けない。明日からやろうと心に決めても、結局、明日もまた「明日からやろう」と新たな決意をする羽目になるのです。

では、難易度の高い決算業務をどのようにはじめていけばいいのでしょうか？

結論から言うと、**難易度を低くすればいいだけ**です。

そのためには、**決算業務を細分化**すること。

「決算業務プロジェクト！」と、ノートにタイトルを書き、１から順番に番号を振って、決算業務を細分化して書き込んでいく。

1．去年の決算書のコピー　2．現金のチェック　3．預金のチェック　4．受取手形記入帳の照合　5．銀行から残高証明書取り寄せ　6．明細表の作成　現金　7．〃　預金　8．〃　受取手形　9．〃　貸付金……と、難易度に応じて、より細かく細分化して記入するのです。

すると、「去年の決算書のコピーぐらいならできるだろう」とコピーをし終わったら1番に丸がつき、「現金のチェックはAさんとBさんが時間に余裕があると言っていたから2人でやってもらおう」と2番に丸がつき、「Cさんが銀行に行くと言っていたので3と5はやってもらい」……というように、**毎日先延ばししていた決算業務が、細分化することにより動きだします**。1日で全部が終わらなかったとしても、丸が増えていき、気づいたころには作業は終わっているのです。

細分化することにより、ひとつひとつの業務はすぐやることができ、面倒で大変だと思っていた決算業務が「コウラクエン（好楽円）」な仕事に変わります。

決算業務に限らず、営業年度終了報告書、融資書類など、面倒で難易度の高い仕事は、細分化して実行していきましょう。

Most
Excellent
Accounting

一流は、細分化して余裕を持って終わらせる

今日から
踏み出す
第一歩

面倒で難易度の高い仕事は
細分化して最初の一歩を
踏み出していく。

決断力

三流は、動かず、二流は、すぐ動き、一流は、いつ動く？

経理に限らず、ビジネスパーソンにとって「すぐ動く」は、重要な武器です。

上司に言われた指示を期限内にやる。面倒なメールも後回しにせずに、すぐに返信する。難易度の高い経営分析をやり切る。

先延ばしせずに、次々と終わらせていく。

即時即決！ 目の前にある仕事を終わらせていけば、仕事はいつも片づいている状態です。**動かないから、終わらない**のです。

ただし、これは理屈上の話。そして、すべての仕事が今日中に終わるなら可能な話です。

実際は優先順位の高い仕事や緊急性の高い仕事があります。気がついたからと金庫の上のホコリを拭き掃除し、ついでにキャスターもコピー機もと大掃除。ファイリングに伝票整理と、気づいた仕事を次から次へと即時即決で終わらせていくと、優先順位の高い仕事は後回しになり、終わりません。だからといって金庫の汚れやファイリングをしようと頭の片隅に置いていては、目の前の仕事に集中できません。

そんなときは、気になっている仕事は一旦ノートに書き出して、優先順位の高い仕事から行い、集中力が切れている時間帯にノートに書いた簡単な仕事を一気に行う。このような時間配分も、一流のビジネスパーソンのテクニックです。

私も緊急でも重要でもない仕事は、ノートに書き留め、大変な書類作成や、前年度の帳簿を確認しなければ作成できない面倒な仕訳なども、すぐにやるように心がけています。

しかし、**すべての仕事において、すぐやることが、よいとは限りません。**

例えば、よい条件を提示してきた取引先に、商品をすぐに引き渡し、その直後に倒産してしまう場合もあります。調べずに契約を結び前払金を支払ったら、いなくなるケースもあります。

そもそも、いまだになくならない「オレオレ詐欺」。すぐに行動した結果の悪い例の代表です。息子に電話で確認をとっていれば、誰かに相談していれば、今日中にお金が必要だということに疑問を感じていたら……このように、即時即決せず、一歩立ち止まれば、防げた話です。**世の中に商品売買以外で、今日中にお金を支払わなければならないことはありません**。「今日中に振り込めば……」「今日中に弁護士に示談金を……」「今日中に交通事故の被害者に賠償金を……」、そんなことはないのです。

設備投資、土地や建物の購入、建設会社なら新規の工事受注などは、経営陣、営業などですぐに決めるのではなく、**経理という会計のプロの目で、客観的に冷静に判断し意見を言う必要**があります。

過剰投資に失敗しないために、最悪なケース、最高のケースを想定し、今までの経験から考えられる可能性を予測して、決めるべきです。

話をまとめるならば、ルーチンワーク、簡単な仕事、以前もやった仕事に対しては、すぐに動く。

初めての仕事、会社の存続に関わる仕事、うまい儲け話などは、慎重に考え、懸念材料が取り除かれたら、すぐにやる。この判断が重要です。

Most
Excellent
Accounting

一流は、決定したら最速で動く

今日から
踏み出す
第一歩

すぐやる仕事と、決定したらすぐやる仕事を見極めて動くことを心がける。

期限

三流は、遅くまで経理業務をし、二流は、期限を決め、一流は、どのように時間を使う？

前述しましたが、デスクワーク、座りっぱなしは体に悪い。

さらにパソコンをずっと見ていると目にも悪い。

そこで、1時間に1回は立ち上がり、1時間に1回は、目を閉じるようにしています。

しかし、人は忘れる動物です。集中していると時間が経つのを忘れてしまうし、つい業務に夢中になって何時間も同じ姿勢でいる。それでは長時間座っているうえに目も酷使する状態になります。


では、どうするか？

15分単位で仕事を区切る「**15分仕事術**」をお勧めします。

15分、30分、45分、60分、そのときの状況や仕事内容や量に応じて、15分単位でタスクを区切るのです。例えば、この雑務はまとめて15分で終わらせよう、メールの返信を15分で済まそう、貸付金利息の計算を30分で行おう、というように。

ただし時間を測るときは注意が必要です。

ストップウォッチだと、あと3分で15分、あと1分で15分、気づいたら2分過ぎて17分になっているなど正確な期限を測れません。制限時間に気づくためにキッチンタイマーなどの音の鳴る機能のアイテムもいいですが、会社組織だと鳴るたびにほかの社員に迷惑をかけてしまいます。

そこでバイブレーション付きのタイマーを使います。そうすると、周りに迷惑をかけず制限時間に気づくことができるのです。

さらに目標は**バイブレーションが振動する前に止める**こと。

15分で終わらせようと期限を決め、その前に終わらせる。1分早く終わらせれば、その1分でイスから立ち上がったり、瞳を閉じて目を休ませたりすることもできます。

この15分仕事術。**座りっぱなし防止や目を休ませるためのスキマ時間を作る効果**のほかにも、**期限を決めるという絶大な効果**もあります。

作家でコピーライターのひすいこたろうさんは、「あらゆる仕事は、なぜか締め切り直前に終わる」と言っています。

世界中で最も多くの読者をもつ自己啓発書作家と呼ばれたベストセラー作家のオグ・マンディーノは、「期限なしの目標を設定することは、目標自体を設定しないにも等しい」と言っています。

人は期限があると集中します。

逆に期限がないと集中できないのです。

期限なく仕事をする人は、残業してでも仕事をします。

期限があっても、8時まで残業できると思ってしまうと、つい8時までに終わる段取りを組んで8時まで仕事をしてしまいます。

なぜなら、人は与えられた時間をすべて使ってしまう性質があるからです。

「8時までできる」と思った瞬間に8時に終わるように段取りを組んでしまいます。

だから、時間はシビアに決める。

8時までかかると予想したなら7時。

7時までなら6時に終わらせようと取り組む。

15分仕事術で、14分でタスクを終わらせるのも時間をシビアに決めているからです。

朝7時30分が会社に行くために家を出る時間なら、6時30分に起きても7時に起きても、7時30分までに準備をします。たとえ寝坊して7時20分に起きても、10分で用意して家を出る。そんな経験ありますよね。

与えられた時間すべてを使ってしまうからこそ、期限はシビアに決めてみてください。

Most
Excellent
Accounting

一流は、シビアに時間を決めている

今日から
踏み出す
第一歩

期限は人を集中させる不思議な力が宿っています。
すべての仕事に締切りをつけよう。

Chapter 6

一流の「経理リーダー」とは

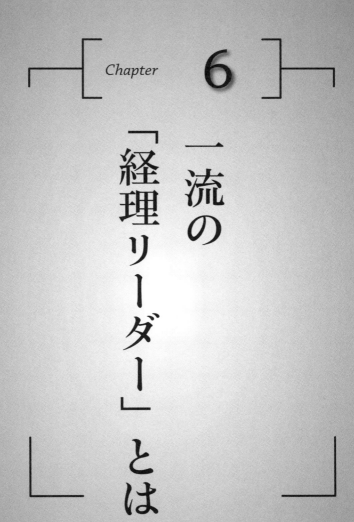

数字

三流は、連絡事項を抽象的に伝え、二流は、数字で伝え、一流は、何で伝える？

ビジネスパーソン、とくに経理職についている者にとっては、抽象的な言葉は命取りになります。

例えば、上司と部下のやりとり。

「いつできる？」

「もうすぐです」

このもうすぐが、上司にとっては15分ぐらいと思っていても、部下は1時間のつもりで言っているかもしれません。30分後に見に行くと、やらなくてもいい仕事までやっていてムダな時間を使っていたということになります。

ここは、「もうすぐって、何分？」と上司が聞き返すべきです。

部下が1時間と答えたら、「そんなにかからないよ、管理費まで見なくていいし、過去

2年分でいい。内部で確認するだけだから円単位じゃなくて百万円単位でいいから……」

などとムダに気づきアドバイスすることができます。

・かなり売上が上がっています　⇓　前年比200％、2億円の売上が見込まれます
・ちょっと赤字です　⇓　当期純利益が200万円の赤字になる見込みです
・明日までに仕上げて　⇓　明日の午後3時までに仕上げて

このように、**抽象的に伝えるのではなく、具体的な数字で伝えていく。**

定居美徳《さだいよしのり》氏の著書『数字で示せ』（すばる舎）によると、数字で話さない人は以下の9つの損をしていると述べています。

①具体性がないから伝わらない　②イメージが共有できない　③聞いてもらえない　④予想ができない　⑤行動に起こせない　⑥ムダが減らない　⑦成果がはかれない　⑧比較ができない　⑨上司から上に伝えられない

とくに⑨は、よく分かります。

課長時代、部下の抽象的な話を聞いても、それを部長に伝えることができず、何度も具体的数字に直させた記憶があります。
「地元住民がみんな反対しています」と言うので、具体的に何人かと聞いてみると「60人中たった8人」だったということもありました。

できるビジネスパーソンは具体的な数字で伝えようとします。

ただし、一点だけ注意することがあります。
それはお客様に対してです。
「10万円までなら値引きできます」と堂々と伝えたのに、会社に戻ったらもともと値引き商品で、もう値引きできず先方に謝りにいく、もしくは信用問題もあるので10万円を値引きして渡してしまう。

社内では具体的な数字で話す必要があります。ただし、お客様に具体的な数字を言うときは、その数字が確実なものか、確認をしてから伝える必要があります。

Most
Excellent
Accounting

一流は、細心の注意をもってお客様に具体的な数字で伝える

今日から踏み出す第一歩

抽象的な言葉を使わず
具体的な言葉で話すことで
ミスもムダも同時に防ぐことが
できる。

マニュアル

三流は、簿記一巡の手続きを口頭で伝え、二流は、マニュアルで伝え、一流は、何で伝える？

経理をするなら日商簿記3級は持っておいてほしい！

この本を読んでいる新入社員の方や、経理職に転職を希望している方は、入社前に日商簿記3級を取得することをお勧めします。

なぜなら、会計を教えるのは非常に大変だからです。

左側が借方、右側が貸方って何？

売掛金と未収金、買掛金と未払金、消耗品と備品、給料と給与、法定福利費と福利厚生費の違いは何？

仮払金がなぜ資産で、仮受金がなぜ負債に含まれるのか？

前払家賃と支払家賃の違いは？

……など、実務を引き継ぎながら初心者に説明するのは難しいのです。

日商簿記3級合格者レベルなら、それらの知識を身につけているので、教える手間も省け、上司や先輩としては、非常に助かります。

経理の仕事を教えることは大変です。また、教わるほうも、2度、3度と聞くことができないので、必死にメモを取ります。

しかし、教わった作業を1人でやってみようとすると、たいていうまくいきません。月次業務などは、1か月前に行った作業なので、メモを見ても思い出せなかったり、エラーが出たりします。

そんなとき、**マニュアルがあれば仕事を教える時間も短縮され、聞くほうもマニュアルを見て分からない箇所を質問すればいいので効率的**です。

マニュアルを作るのは大変ですが、一度作ってしまえば、後は楽です。新規の方法を付け加えていけばいいからです。

ただし、問題があります。

管理職や、実務経験の長い人、能力が高い人が作成すると、マニュアルを必要としている読み手に伝わらない言葉が多いのです。

「名選手、名監督にあらず」という言葉がありますが、自分が感覚で分かっていることを言語化して、人に説明するのは大変です。

私もビジネス書の原稿を書き上げると、高校生の娘と、大学生の息子にチェックしてもらいます。そうすると、「マルチタスク」「シングルタスク」「コンフォートゾーン」などの言葉が分からないと指摘され、説明を加筆することがあります。専門家として当たり前に使っている言葉が、ほかの人も理解しているとは限らないのです。

そこで会社組織でも、マニュアルの編集は入社３、４年目に担当してもらいます。すると自分自身の勉強にもなるし、新入社員にも分かりやすいマニュアルを作成することができるのです。

Most
Excellent
Accounting

一流は、入社3年目が担当したマニュアルで伝える

今日から踏み出す第一歩

チームでマニュアルを作ろう。
（後輩のためだけではなく）
プレゼン能力や文章力も
身につく。

任せる

三流は、ミスを恫喝し(ブラック企業)、二流は、ミスを指摘せず(ゆるブラック企業)、一流は、どうする?

年功序列・終身雇用の時代。ブラック企業は数多く存在していました。

パワハラに耐えていれば、昇給昇進と定年まで働くことが約束されている。

転職、中途採用のイメージは悪く、副業も禁止。そんな時代背景もあり、パワハラは横行していたと思います。


今は、能力主義、そしてAI時代。

ブラック企業が完全になくなったワケではありませんが、働き方改革の推進やパワハラ防止法の施行、ネット社会になり告発や横とのつながりもでき、さらに転職・副業が当たり前の時代。情報公開もされ、ブラック企業は確実に減少してきています。

企業側もいつまでもブラック企業でいては、優秀な人材が流出して将来がありません。

そして、今、問題になっているのが、「ゆるブラック企業」。

労働時間は短く、職場の人間関係も悪くなく、居心地もいい。

ブラック企業の真逆で、一見、悪いところがないようですが、「自己成長できない」「勉強できない」「やることがゆるすぎてこの会社が潰れたら転職できない」、そんな不安を社員は感じているようです。


今の若者は不満ではなく、不安で辞めるのです。

大企業でもＡＩ化が進んでいなかったり、判子を押す人が多すぎて決済が遅かったり、いまだ年功序列で縦社会だと、この会社にいても一緒に沈んでいってしまうと不安になる。

またブラック企業と言われることを気にしすぎる企業が、社員に対して仕事を与えないのは、自己成長できずつらいものがあります。

私も新入社員時代、前述したとおり、他部署の人から怒鳴られ、叱られ、嫉妬される三重苦の状況でした。

一方、事務の仕事では、仕事がまったく与えられませんでした。毎朝出社すると、まずはメモ用紙に「28800」と記入することからスタートします。

この数字が何か分かりますか？　朝9時から夕方5時までの8時間を秒数で表したもの、つまり8時間×60分×60秒＝28800秒なのです。

仕事をまったく任されず暇だったので、30分経過したら1800減らし、1時間経過したら3600減らしていました。総務部の先輩たちから仕事を任せてもらえず、やることがなく仕方なく、そんなことをして時間を潰していたのです。

幸いその部署は6か月で異動になりましたが、若くやる気に満ち溢れていたのに、仕事を任せてもらえず、自己成長もできず、このままでは同僚に置いて行かれると不安でいっぱいでした。

環境はブラック企業、仕事はゆるブラック企業で、ある意味、最凶な職場でした。

ブラック企業は不満、ゆるすぎる企業は不安になります。

任せるところは任せ、自己成長を促し、ＡＩを取り入れ、社員が共存できる環境を作ることが重要です。

Most
Excellent
Accounting

一流は、
仕事を任せ、
やりがいをもたせる

今日から
踏み出す
第一歩

不満のみならず不安を取り除いてこそ真のホワイト企業。

PDCA

三流は、仕事の指示が不明瞭、二流は、朝、指示をし、一流は、どうする?

私の持論ですが、管理職、とくに課長は、課にいる部下が、「今一体何をやっていて、仕事はどこまで進んでいるのか」を把握しておく必要があると思っています。

「そんなの当たり前じゃないか」と考えている人もいると思いますが、実際、何をしているか分かっていない管理職も多いのです。

部下が今どのようなことをしているのか分からなければ、指示も不明瞭になり、さらにAさんとBさんはいつも遅くまで残業しているけれども、CさんとDさんは早く帰るなど、不平等が発生することにもなりかねません。

朝のミーティングによって、各人が何をやるのか、今日は何をやる予定なのかを把握する必要があります。

ここで注意するのは、一方的にリーダーが話すのではなく、部下が自発的に発言するようにすることです。自分から話すことで「宣言効果」が発動されます。

宣言効果とは、目標を周りの人に宣言することにより、目標を達成しなければならない意識になることです。

・今日は請求書の締日なので、午前中にデータ入力をして午後から振込み業務を行います。

・午前中に資金繰り表と受注明細表を作成し、午後から融資額と金利引下げの件で○○銀行に打ち合わせに行ってきます。

気乗りしない仕事でも、朝、リーダーや同僚の前で「やる」と宣言した手前、行わざるをえないのです。

ただ、宣言しっぱなしだと、検証・改善をすることができません。

せっかく難易度の高い仕事をやり終えたのに、発表する場がないとモチベーションも下がります。

そこで帰りにもう一度、集合し、検証・改善を行います。つまり、**PDCA**を回すのです。

PDCAサイクルは、**Plan（計画）、Do（実行）、Check（検証）、Action（改善）の頭文字で、品質管理など業務管理における継続的な改善方法**です。

これを、ミーティングでも応用します。

1日の計画を立て朝のミーティングで発表するのがP、立てた計画を実行する、つまり仕事をすることがD、そして帰社時間前にもう一度ミーティングをしてC（検証）とA（改善）をするのです。

ミーティングをして仕事をするのは、どの会社でも当たり前にやっています。

しかし、その後のCA、つまり検証・改善をする会社は、極端に少なくなります。

例えば、Aさんは2時間の残業で7時に帰る予定だったけど9時になるのは、午前中に突然のお客さんが来たから。Aさんは今忙しいから、明日からは比較的時間のあるBさんが電話対応や他の部署からの問い合わせ、接客を担当しよう、AさんとCさんがキャッシュ・フロー計算書と株主資本等変動計算書作成の最中だから、午前中はその仕事に集中してもらうため来週まで雑務はほかの人でやろう、新入社員のEさんは……。このように、検証し、改善することで、PDCAを回して次の日に活かしていくことができるのです。

オンラインだから無理とか、朝は違う部署との会議があるなど、毎日できない都合があるかもしれません。その場合は、週に3回とか、毎週月曜日にP、週末の金曜日にCAをやるなど会社の実状に応じて臨機応変にやってみてください。PDCAを繰り返すことによって強い組織になっていきます。

Most
Excellent
Accounting

一流は、PDCAを回して会社を強くしていく

今日から踏み出す第一歩

朝にミーティング（P）して仕事をする（D）会社は多い。

しかし検証（C）、改善（A）までする会社は少ない。帰りに10分でもいいので検証・改善をしよう。

やりがい

三流は、何もせず、
二流は、環境を変え、
一流は、どうする？

建設会社は、近年、慢性的な人手不足に悩んでいます。原因として少子高齢化、円安による外国人労働者の不足、働き方改革による２０２４年問題、そして３Ｋ（キツイ、キタナイ、キケン）というイメージが払しょくされていないことなどが挙げられます。

余談ですが、建設現場のトイレは「海の家」にあるような和式の仮設トイレが多く、洋式で温水洗浄便座が当たり前の家庭に育った若者は、それが馴染めずに会社を辞める人がいるそうです。

このように、慢性的な人手不足なので、今いる人材をいかに辞めさせないかが、経営陣の重要事項でもあります。それなのに建築中の建物の近くを通るたびに、怒鳴りつけ、恫喝している親方も多く、貴重な人材なのにこれだと辞めていくだろうと他社のことながら心配になってしまいます。

以前に勤めていた建設会社での話です。

作業能率が悪いため、残業が多く、連日の長時間労働で疲労が蓄積しミスも多くなり、そのミスをやり直すために、また残業するという悪循環の繰り返し……と、そんな職場でした。

「作業能率が悪い原因は、給料が低く、そのため士気が上がらないからだ」と考えた経営陣は、従業員の給料をアップしました。

たしかに、給料が上がった当初は、しばらく士気が上がりました。

しかし、それは最初だけ。すぐに昇給に慣れてしまい、また士気も下がってしまいました。3か月も経つころには、またもとの残業だらけの現場に逆戻り。それどころか、今度は、同業他社より給料が少ないと騒ぎ出す始末。

環境を改善しても、それに慣れたらまた要求してくる。

これ以上は無理と思った経営陣はどうしたのか？

環境ではなく感情に訴えたのです。

精神科医のメイヨーと、心理学者レスリスバーガーによって、アメリカのシカゴにあるホーソン工場で実施されたホーソン実験。

環境の変化で生産性はどうなるかの実験です。

大勢の従業員のなかから選ばれたのは、6名の女性従業員。まず行われた環境の変化は、「それまで暗かった作業場の照明を、明るい照明に変える」というものでした。

その結果、従業員の作業能率はどう変わったか？

結果、照明を明るくすることによって、彼女たちの作業能率は向上しました。

さらに実験は続きます。

「休憩を多くする」「軽食の差し入れをする」「部屋の温度を適温にする」……作業環境を良くすることで、彼女たちの作業能率は上がり続けました。

ここまでの実験なら、「作業環境を良くすることにより、従業員の作業能率は上がる」

と結論づけたくなります。

しかし、この実験にはまだ続きがあるのです。

今度は、逆に、「照明を暗くする」「休憩を少なくする」「軽食を無くす」「部屋の温度を適温以下にする」など、作業環境を悪くしてみたのです。

どうなったと思います？

当然、作業能率は低くなると思いきや……なんと、それでも、彼女たちの作業能率は上がったのです！

つまり、**「どのような環境でも、作業能率は上がる」という、驚くべき結果になった**のでした。

いったい、なぜ、作業能率は上がり続けたのか？

実は、彼女たちが実験に入る前に周りからかけられた言葉に秘密がありました。

彼女たちは、こんな言葉を送られていたのです。

「あなたたちは、大勢の従業員から選ばれた方々ですよ」

「期待していますよ」

「優秀な6名ですね」

さらに、この実験は、会社幹部、研究者など多くの人たちに注目されながら行われました。そうです。

彼女たちは、**作業環境が変わったから作業能率が上がったのではなく、期待されている、見られているという思いを抱きながら働いた結果、作業能率が上がった**のです。

つまり、**「環境の変化」ではなく「感情の変化」**で作業能率が上がったのでした。

この実験を思い出し、何をしたのか。

経営陣や管理職が現場へ訪問する回数を増やしたのです。

以前は、「現場の仕事の邪魔になるのではないか」ということに配慮して、月1回の訪問だったものを、週1回の頻度に増やしてみた。

さらに、単に訪問するだけでなく、労をねぎらいつつ、現場の状況や仕事の進み具合で心配なことや困ったことはないかなどの聞き取りを頻繁に行いました。もちろん仕事の邪魔にならないように配慮して、作業工程の批判などは一切行わず、困りごとを聴くというスタンスで訪問していました。

そうして、もし、作業過多になっている部門があれば、待機している職員を派遣したり、総務や経理で仕事をフォローしたりしました。

すると、現場の士気がみるみる向上し、残業もミスも減っていったのです。

まるで、「ホーソン実験」の工場のように、「あなたのことを気にかけていますよ」というメッセージが従業員たちに伝わり、感情に訴えたというわけです。

作業環境を変えても一時的にしか上がらなかった作業能率が、感情の変化によってずっと向上し続けるという結果になったのでした。

もちろん、劣悪な環境を改善させることは当たり前のことです。

炎天下でクーラーがない、生活できるだけの給料も支給されないというのは問題外です。

そういう、最低限の条件はクリアしていることを前提として、「作業効率を上げるためだけの作業環境の改善」は、一時的には士気が上がっても、その環境に慣れるともとに戻ってしまうということです。

それでは、経理のやりがいとは何でしょう？

経理パーソンは、会計ソフトへの仕訳入力、レシートの糊付け、請求書のファイリングなど地味な仕事が多く、それ自体にやりがいを感じないこともあるでしょう。あなた、もしくは、あなたの後輩や部下のモチベーションも下がるかもしれません。

しかし、地味であるはずの試算表の作成をもとに安全性や収益性、損益分岐点売上高の計算をすることで、経営会議に提案して会社の利益に貢献する。

地味な作業である得意先元帳の作成から、売掛金の動向を確認。遅れが目立つ会社の与信調査をすることで、先方の経営悪化を突きとめ、早期に売掛金を回収することで会社の損害を未然に防ぐ。

データの打ち込みなどの地味な仕事のその先に、会社を救うやりがいのある仕事が待っているのです。

Most
Excellent
Accounting

一流は、感情に訴える

今日から
踏み出す
第一歩

劣悪な環境は論外だが
環境整備に目を向けるより
感情に訴えることで成果は上がる。

経営管理

三流は、提案せず、
二流は、経理的な側面から提案し、
一流は、どうする？

バックオフィスとは、総務・経理・財務・人事・労務・法務・その他一般事務などの部署および業務をいいます。

外回りや販売、顧客対応をする営業職や、商品開発前の市場調査や商品発売後のＰＲイベントなどを行うマーケティング部門などを後方から支援します。

しかし、バックオフィスを「後方にある事務作業を行う部屋」と間違えて理解をし、後方から支援をせず、提案もしない人がいます。

たしかに私が勤めはじめた35年前は、営業、製造、積算、広報、総務、経理に一体感がなく、それぞれの仕事を個々に行っていたイメージがあります。

しかし、**今は各部署が互いに連携し合い、経理は「攻め」の経理をしなければなりません。**

経営者は、経営判断において何を意識するか。

例えば、ある商品の売価を10万円に設定しても同製品を扱っているライバル会社が7万円で販売していたら、販売は苦戦します。

従業員が頑張っているから、賞与を満額支給したいが、それでは今期は苦しくなる。

社会貢献に力を入れたいが、500万円も寄付したら赤字に転じてしまう、従業員をボランティアで派遣したら手薄になる。

経営者は日々決断です。

その決断を経理的な側面から経理パーソンが提案していく。

上記の販売の件。仮に8万円で販売したら750個売り上げて損益分岐点はゼロになる。6万円なら1000個で達成する。営業部長と相談したら6万円で1400個は売る自信はあるというので6万円で展開していく計画を立てるなど、**経理パーソンは、損益計算書と損益分岐点売上高を作成**して、営業を巻き込みながら経営者に提案できます。

従業員が頑張ったから、夏の賞与を満額の3か月出したい社長の気持ちは有難い。しかし、それでは8月~12月の資金繰りが厳しくなる。冬の賞与がゼロになる可能性もある。夏は**キャッシュ・フロー計算書を作成**して提案できます。

社会貢献活動は素晴らしいが、年間100万円に抑えて、金銭以外で貢献できる手段を考えましょうと、貸借対照表を読みながら提案できます。

このように経営者や他部署に対して経理的な側面から、数字をもちいて正しい経営判断の手助けをしていくのです。経理は「地味、後方支援、生産性がない」そんな風に思っているのは大きな間違いです。

経理とは、そもそも「経営管理」の略称なのです。

ただし、金銭面は、相談されない限り、できるだけ最終決断のときに、提案します。「予算がない！」「そんなの無理！」と、議論の途中、もしくは最初からあきらめてしまう場合が多いからです。

意見が出た後に、「予算はないけどA社とジョイントしてみてはどうか？」「資金調達は該当する助成金があるからそこから借りることができる！」など、**否定しない意見のなかから、新たなアイディアが浮かぶ**こともあるからです。

Most
Excellent
Accounting

一流は、アイディアが出た後、数字面で経営管理に参加する

今日から
踏み出す
第一歩

これからの経理は「攻め」の経理。
経理的な側面から提案していける力を養おう。

視点

三流は、虫の目だけで見て、二流は、鳥の目も使い、一流は、どうする？

経理の職にとどまらず、ビジネスパーソンにとって必要な3つの視点を表したのが「虫の目」「鳥の目」「魚の目」です。

まずは「虫の目」。虫はその小さな目で、非常に小さな世界を見据えています。人間の目では見えない世界も、虫にはしっかりと見えています。

そんなミクロの視点を表しているのが「虫の目」です。

金庫に入っている実際の現金と、帳簿上の現金の不一致の確認、レシートや領収書の整理整頓、仕訳帳や総勘定元帳の記入漏れ、「虫の目」で見なければいけない地味で細かい作業ですが、大切な作業です。

しかし、これだけでは、全体を見渡すことができません。

そこで「鳥の目」を使います。上空を飛びまわる鷹が全体を見渡すように、高い視点で物事を眺める資質を意味しています。

高い所から眺めれば、広い範囲を見て取れます。よく経営者が「大所高所から」という言葉を使いますが、これは「鳥の目」で俯瞰《ふかん》することを意味しています。

「虫の目」のミクロな視点に対して、「鳥の目」はマクロな視点です。

貸借対照表で言えば、現金及び預金、受取手形、売掛金、有価証券、商品とひとつずつ確認していくのが虫の目です。しかし、これでは「大所高所から」見ることができません。

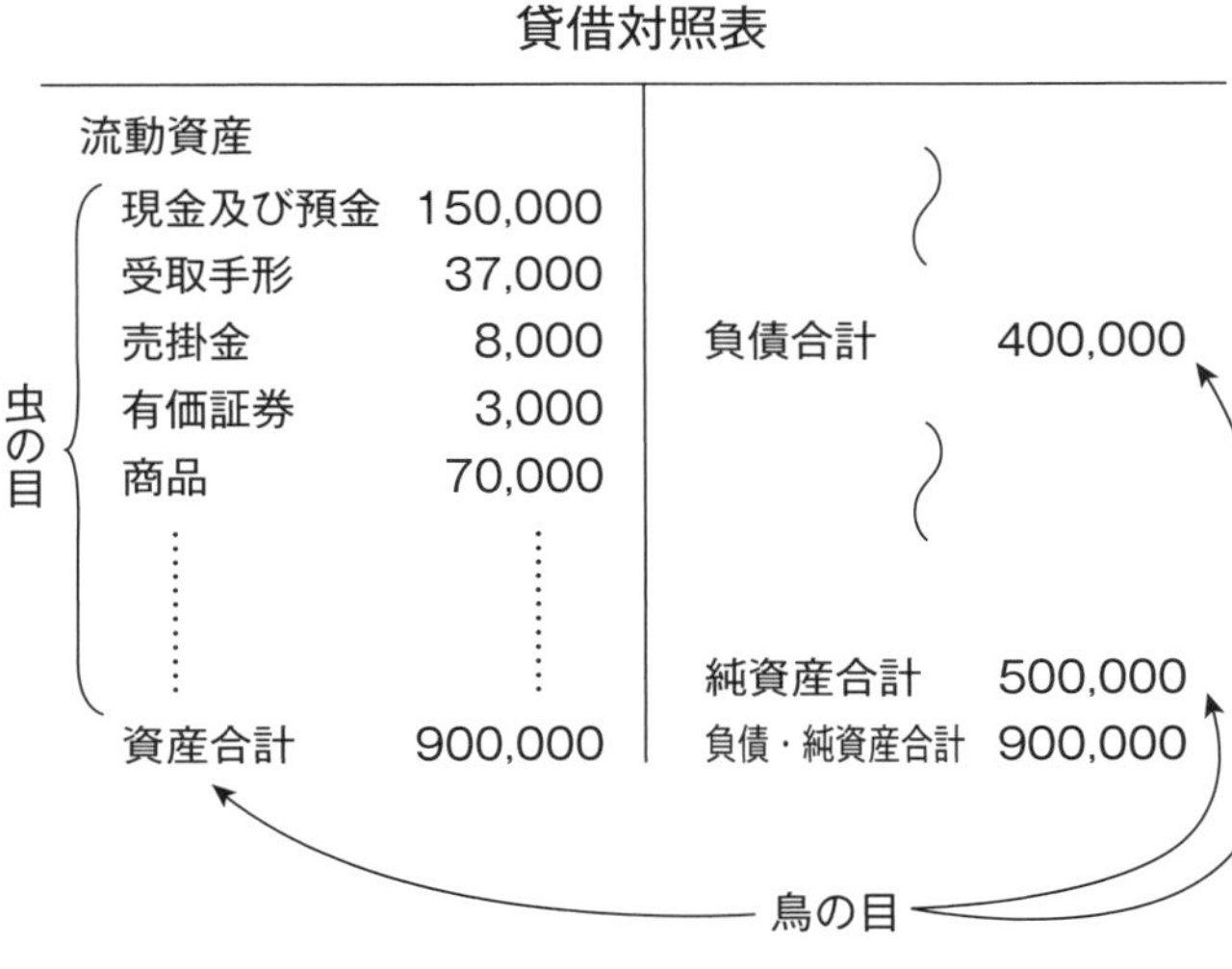

「資産」「負債」「純資産」の合計額がいくらなのかを確認し、財政規模を把握する。資産の合計は、会社の財産です。この財産を、返済義務のある負債でどれだけ調達していて、返済義務のない純資産でどれだけ賄っているか、その割合を把握するなど、「鳥の目」を使って、全体を俯瞰する必要があります。（前ページの図）

最後に「魚の目」。話の流れから「魚《さかな》の目」だと分かりますが、単体だと足の裏にできる「魚《うお》の目」を連想しますね。もちろんまったく、異なります。

海を泳ぐ魚は潮《しお》の流れに敏感です。そんな魚のように時代の変化や潮流《ちょうりゅう》をしっかりと見定めること。魚の目は、時間の流れの視点を意味しています。

私はやりませんが、パチンコ台の「海物語」を思い出す人もいるでしょう。

「虫の目」「鳥の目」も必要ですが、一流になるには「魚の目」も必要です。

単体の財務諸表だけでなく、何か年かの損益計算書で収益や費用の推移を調べる。売上高の割合や、営業利益、経常利益率の変動。貸借対照表で流動比率の推移。借入金の返済計画。貸借対照表と損益計算書を利用してＲＯＡやＲＯＥを調べるなど、**時間の流れを把**

握して、さらなる未来の予測をしていく必要があります。

流れ上、三流、二流、一流に分けましたが、もちろん3つの目からの視点が必要です。細部に意識が向かない人はミスが増え、正確な会計帳簿を作成することができません。そのため「虫の目」を使ってチェックします。

木の上にのぼって遠くを見渡す力。あるいは、上空から地上を見渡し、どちらの方向を目指して進むべきかを示唆する力である「鳥の目」で、財務諸表を見渡すことも必要です。さらに、時流を的確に読み取れない人は、管理会計や長期のビジョンを立てることができません。つまり「魚の目」も必要になってくるのです。

経理の知識と実務を究め、チームを率いる立場になったあなたは、日ごろのコミュニケーションでもこの3つの視点を持って伝えるようにしてください。部や社全体で共通認識を持てたなら、最強の会社に変われるでしょう。

Most
Excellent
Accounting

一流は、3つの視点から考え、チームに語る

今日から
踏み出す
第一歩

「虫の目」「鳥の目」「魚の目」、あなたはどの目を使っていますか？　３つの目を使うことを意識しよう。

Chapter 7

一流の「経理勉強術」とは

資格の効果

三流は、資格試験を否定し、二流は、簿記系の資格を取り、一流は、どうする？

新卒でブラック企業に入社した私にとって、人生を変える唯一の手段は勉強しかありませんでした。勉強して、税理士資格に合格し独立することだったのです。

勉強に専念していたときは、大好きな小説を読む時間はありません。教養書を読んでも試験に直接関係ありません。読むのは必然的に勉強法の本になりました。効率的な勉強方法を探すためと言えば、聞こえはいいですが、罪悪感なく息抜きができるのが勉強法の本だけだったのです。暗記をするのも、問題を解くのも疲れた。でもマンガを読んだり、雑誌を読んだら、さぼっていることになる。勉強法の本は、勉強の助けとして読んでいるんだと言い訳ができたのです。

そのときに感銘を受けたのが、大矢息生氏の『資格スピード合格法』（ＰＨＰ研究所）です。「早朝学習法」で1日を25時間にする、１００点満点より合格圏を狙え、受験雑誌は読まなくていいなど、参考になるコンテンツが多く書かれていました。
そのなかでも特に響いたのが「資格10の効用」。
①「就職」の際に有利になる ②入社後の「昇給」が早い ③入社後の「昇進」を早める ④「自己啓発」になる ⑤「企業の発展」に寄与する ⑥「生活の安定」に役立つ ⑦「生きがい」のある生活を保障する ⑧「転職」に有利 ⑨将来「脱サラ」する場合に役立つ ⑩「リストラ」後の生活設計に役立つ

資格を取得すると、こんなにたくさんの効用（満足度）があることに、気がつきました。スランプに陥りそうなとき、モチベーションが低下したとき、飲みに行きたい、遊びに行きたいと思ったときは、この効用を思い出し、自分を奮い立たせていました。

講師になっても、この効用をアレンジし自分の考えも付け加え、
①就職に有利 ②転職に有利 ③独立の道が開ける ④ダブルビジネスのチャンス ⑤昇給に結びつく ⑥昇格・昇進が早くなる ⑦職場で有利な立場にたてる ⑧スペシャリストとして企業の発展に寄与 ⑨自己啓発になる ⑩新たな生きがいになる ⑪生活の不安が解消される ⑫自信がつく（前向きになれる）⑬視野が広がる（人間としての幅が広がる）⑭新しい

自分を発見できる⑮定年後の生活設計に役立つと15の効用にし、受講生のモチベーションが下がってきたら、余談の時間に、何度となく伝え、**合格したその先に素晴らしいことがたくさんある**と鼓舞してきました。

「資格は取っても実務で使えない」と言う人もいますが、私に言わせたら、それは有効活用できていないだけ。取得することで、こんなに多くの効用があるのです。

もちろん、資格試験だけに専念して会社の仕事をしない人、勤務時間中に許可なく資格試験の内職をする人は、そう言われても仕方ありません。

簿記の資格を取得しても、試験にはない、会社独自のやり方があります。そもそも建設会社なら、「売上」は「完成工事高」、「売掛金」は「完成工事未収入金」、引渡基準のほかに、進行基準や部分払いなど、簿記検定では習わない特殊な勘定科目や売上の計上方法もあります。資格を取ったから大丈夫、無資格者より仕事ができると思うのではなく、その業種や会社独自の会計方法などにカスタマイズ（既存のモノに手を加えて作り変える）する必要があります。

Most
Excellent
Accounting

一流は、その会社の状況に応じた能力も身につける

今日から
踏み出す
第一歩

資格を取得し、有効活用して会社に貢献するだけでなく、新しい自分を発見できるなど素晴らしい効果がたくさんある。

セミナー

三流は、値段で決め、二流は、自分に合うテーマで選び、一流は、どうする？

なぜ、ビジネスパーソンは勉強を続けなければならないのか？

それは、**急激な働き方の変化によって、同じ職種でも新たに発生する業務が増え、知識の習得をする必要がある**からです。

経済産業省は、この学び直しを「リスキリング」という言葉で提唱しました。第210回臨時国会で岸田首相は、個人のリスキリングの支援に5年で1兆円を投じると所信表明演説をしました。日本企業のみならず、海外でも導入されています。

アメリカでは、「4年間勉強をして、その知識をもとに40年間働く」と以前は言われていました。現在では、4to4（フォートゥーフォー）、「4年間勉強して4年間そのスキルで仕事をして、また4年間勉強してアップデートしないと追いつかない時代」と言われています。

では、リスキリングを含めて、スキルアップ、キャリアアップをするためにセミナーを受講しようと思った場合、どのように選べばよいのか。

まず、**論外なのは値段で決めること**。

よりよいものを安い金額で受講をするに越したことはありませんが、金額だけで決めてしまうと、その金額並のコンテンツでしかない場合もあります。

2時間受けて無料だったとしても、自分の求めている内容でなければ、2時間という貴重な時間が奪われたことになります。

時間をムダにしない濃い内容のセミナーを受けるべきです。

そのためには、値段よりも自分が必要としているテーマを選ぶ必要があります。

では、失敗しないセミナー選びのコツは？

例えば、インボイス制度を詳しく知りたいなら、当たり前ですが、**テーマ**がインボイス制度になっているセミナーを探します。さらに、一般事務向けなのか、個人事業者向けなのか、税理士向けなのかなど**対象を確認**する。テーマや概要で、対象が誰なのかを確認しないと、すべて知っている知識の場合や、逆に高度すぎて分からない場合があるからです。

次に講師のプロフィールです。**その内容を話すに値する人物**なのか、公認会計士や税理士の資格を持っていれば安心だし、元税務署の職員というのもよいかと思います。

ただし、専門家、有資格者でも、説明下手だったり、難しい言葉を難しく話すだけの先生もいます。過去に専門学校で講師をしていた、今も全国でセミナーを行っているなど、スピーチができる能力もプロフィールを見て確認する必要があります。

これは本を買うときも一緒です。自分が今必要としているタイトルで、目次を読んでより興味をそそるものなのか、そしてプロフィールを見てこのテーマを書くに値する人物なのかを確認して購入します。

勉強するという高い志を持っているのに、値段で決めて、逆に時間を損してしまったり、自分に合うテーマでもないのに受け、血肉にならなかったり、せっかく学びたいテーマなのに、講師自体の能力が欠けて内容が薄くなってしまうなどの残念な結果もあります。

ぜひ、このような点に気をつけて受講するようにしてみてください。

Most
Excellent
Accounting

一流は、自分に合うテーマで、講師プロフィール、プログラム内容なども確認して決める

今日から
踏み出す
第一歩

セミナーを受講することで
今までにない知見が広がる。

受講の心得

三流は、経理の勉強会に何となく参加し、二流は、メモを取り、一流は、どうする？

20年以上講師をしていると、自ら進んでセミナーに来てくださる参加者と、会社の指示で強制的に受講している参加者が分かるようになります。

後者は、気乗りしていない雰囲気を漂わせ、さすがに寝るまではいきませんが、退屈そうにしているのが分かります。

しかし、どれだけ気乗りしないセミナーでも、そのまま座っているだけでは、時間が経つのが、ものすごく遅く感じます。

同じ2時間でもつまらないと思って過ごしている時間は長く感じ、楽しい時間はあっという間に過ぎ去るものです。夢中になっていると時計を見る時間も惜しくてのめり込むこともあります。

また、楽しくなくても忙しいときは、時間が経つのがあっという間です。

融資の申込書類をあと1時間で仕上げなければならないとき、寝坊をしてお客様との約束の時間に遅れそうなとき、時間が経つのが早く感じられます。

だったら、忙しいフリをする！

私も法改正などで必要に迫られセミナーを受講することがあります。そのときの講師のプレゼン能力がなかったら……本来は地獄の時間です。

そんなとき私は、**内職を始めます**。

配布されたテキストをひらき、重要な箇所にマークするのです。

このテキストでは何が言いたいのか、何が重要なのか、自分なりに蛍光ペンでマークを引いてみる。もっとも重要と思われるところには黄色のマーカーを、その次に重要かなと思う箇所には緑色のマーカーを使うと決め、テキストにマークを引いていくなど集中して取り組むと、時間が経つのが早く感じることができます。

そして、ひたすら読み直し、疑問点はテキストに書き込みます。どうせ会社に戻って読み直すなら、今読み直しても一緒です。むしろ時間短縮になります。

また、講師の話を聞くなら、話している箇所のなかで重要なポイントは1行でもノートにメモを取ると決めます。暗記する気持ちで話を聴き、5分に1回はメモを取ると決めれば、重要なことを言っているポイントを見つけようと必死に聴くことになるのです。

さらに有意義に過ごすためには、**実践して習慣化できるところを探すこと**です。

書籍も同じです。何ひとつ実践しなければ、読んだ意味がありません。

セミナーもビジネス書も、聴きっぱなし、読みっぱなしでは意味がありません。**実践し、習慣化することが重要**なのです。

そのためにも、セミナーを聴いたときには、実践できる箇所を探し、習慣化するように心がけましょう。

1つのセミナーで1つのアイテムを身につければ、25回受けると、25個の鎧を身につけることになります。25個もアイテムを持っていたら、最強だと思いませんか?

ハズレのセミナーに参加するとき、嘆いても時間が遅く感じるだけです。講師の話から実践し習慣化できるコンテンツを探す気で受けると、時間が経つのも早いし、自分自身のスキルアップ、キャリアアップにつながります。

Most
Excellent
Accounting

一流は、実践し習慣化できるところを探す！

今日から踏み出す第一歩

セミナー受講をムダな時間にしないために、マークを引く、実践できるところを探すなど工夫をして受講する。

認識力

三流は、難解な学術書を読むのをあきらめ、二流は、熟読しようとし、一流は、どうする？

新入社員のころ、難解な会計実務の書籍、会社で購買していた「税務通信」などの情報誌を読んでも、まったく分かりませんでした。

日商簿記3級の知識もない私が、専門用語だらけの情報誌を読んでも理解できないのは当たり前。税理士の資格を取得した今なら別ですが、当時の私は全くわからず、難解すぎて読むのをあきらめました。

その後、経理経験を積み、建設業経理事務士4級、3級、建設業経理士2級と順調に取得していき、力もついたころに、建設業経理士1級の勉強にチャレンジしました。

しかし、日商簿記、英検、秘書検にも言えることですが、1級になると急にハードルが高くなります。

今までのように独学では、対応できません。

当時は地元に専門学校もなく、オンライン化もされていないため授業を受けることもできず、「建設業会計概説」というテキストで勉強しました。

しかし、かなり難解で、1行1行、なめるように読み、分からないところは丸暗記して進むなど、大変な苦労をしました。

まだテキストや市販の参考書も充実しておらず、ネットもない時代。今、受けるなら、もっと効率的な方法で学ぶことができます。

例えば、難しい論点や新基準などを学ぶときは、難しい学術書から学ぶのではなく、入門書やマンガから読む。

セミナーや研修を受けて知識をインプットしてから難しい論点を読むのもよいでしょう。実際、住生活グループの創業者、潮田健次郎氏も「例えば、労務の講義を2時間受けると、あとは1人で労務の本を読んでも理解できる。逆に基礎知識がないと本を読んでも理解できない。入口を突破させることが教育というものなのだろう」と言っています。

確定申告の改定やインボイス、消費税の軽減税率などは、まず税務署や商工会議所などで配布されているイラスト付き小冊子で勉強するのも入口としては、抵抗なく受け入れることができます。

また、気乗りしない書籍でも、**毎朝15分、読むと決め、その時間はその書籍を読み続ければ、いつの間にか読み進められ、知識も豊富**になります。

私は以前、建設会社で経理に配属されていても、土木の知識があれば現場の人と対等に話せると考え、工事部の同僚に「土木概要」の本を借り勉強しました。しかし、まったく理解できません。工事部にとっては基礎的な書籍でも、実務経験のない私にとっては難しすぎました。そこで、まずは「マンガ土木入門」というマンガで「玉石《たまいし》」「型枠工事」「沓《くつ》脱《ぬ》ぎ石」などをイラストで理解し、「土木超入門」「新入社員のための土木入門」など徐々に難易度を上げ、２級土木施工管理技士のテキストを理解できるようになりました。

難易度の高い書籍から学ぼうと思うと三日坊主になったり、理解が追いつかず挫折してしまう場合もあります。まずは、マンガや入門書などから入り、知識を広げてから、専門書を読むことが、かえって近道になります。

Most Excellent Accounting

一流は、マンガや入門書で学んでから知りたい分野を極める

今日から踏み出す第一歩

難易度の高い試験、未経験の資格はイメージがつかず挫折することも多い。マンガや入門書からはじめてみよう。

指導力

三流は、独学で勉強し、二流は、先輩から学び、一流は、どうする？

建設業経理事務士４級からはじめて、３級、２級、１級、日商簿記３級、２級、宅建そして税理士と、比較的受かりやすい資格から難易度の高い資格まで15年間、資格試験の勉強をしてきました。

独学、通信、通学と、すべての方法も体験しました。

日商簿記３級、２級は独学でしたが、理解せずに丸暗記で解いたところもあり、税理士試験の簿記論を勉強するときに基礎がしっかりしていなくて苦労しました。

独学で勉強すると大変なことが、ほかにもあります。

まずは、出題傾向が分からないため、出題頻度の高い問題が分からない。ポイントが分からず、難しいので、飛ばしていい問題に時間をかけてしまうこともあります。

さらにライバルがいないので自分との闘いです。自宅で学習していると基準が分かりません。基準以上に勉強していればよいのですが、基準以下だと受かりません。税理士試験の1年目は独学でしたが、2年目から通学に変えたら、ほかの受験生が私の何倍も勉強していることを知り、計画を練り直しました。

「費用対効果」の話をしましたが、まさに専門学校は授業料という**お金を支払って、時間を買う**ところだと思っています。

会社の場合も同じです。

自分で調べるより、その会社の実状に応じた仕事の方法や慣習は、先輩から学ぶのが早いし効率的です。**人は基本的には「教えたがり」**なので、こちらが思っているほど質問されることを嫌がってはいません。先輩も教えることで再確認ができたり、プレゼン能力が身につくメリットがあります。

ただし、全国共通のマナーや敬語の質問はNGです。なぜなら、書店に行けば、それらに関連する本は、たくさん売っています。本を読んで実践して習慣化していけば、自然と身につくものだからです。

会社特有のルールは別として、一般常識は就職する前に自分で勉強しておく。人は「教えたがり」と言いましたが、調べればわかるようなことを聞かれるとバカにされたような気になることもあります。古い流行り言葉でいうと「ググれ」と言いたくなる心理です。

そして積み上げられた能力以外のスキルも必要な時代になりました。以前なら寿司を握るまで何年も修行し、技を磨きました。今は、熟練の技だけが重宝がられる時代ではありません。会計ソフトはたえずアップデートされ、ＣｈａｔＧＰＴはじめ、メタバース、ダオなど新たに学ばなければならないスキルが、横からどんどん入ってきます。

そのため若手のほうが詳しい仕事もあります。

これからの時代、**自分より後輩のほうが詳しい分野も多々出てくる**のです。

みんなが先生！　そのような気持ちで、**様々な人から知識を吸収することが、会社全体を強くする方法**であり、これからの時代に必要なことなのではないでしょうか。

Most
Excellent
Accounting

一流は、後輩からも学ぶ、今の時代はみんな先生！

今日から
踏み出す
第一歩

様々な分野のスキルが登場し、部下や後輩のほうが詳しい場合もある。これからは「学び合い・教え合い」の時代だ。

おわりに

最後までお読みいただき、ありがとうございます。

AIの導入により、経理職は消滅する！

そんなショッキングなニュースが10年以上前から叫ばれています。しかし、本編でも書きましたが、**すべての業務内容がAIに取って代わられるわけではありません。**

AIに、「仕事が奪われるか」「奪われないか」の「二元論」ではなく、業務によって、今後は棲み分けが行われていくのです。

年々複雑化している会計処理を人の手で行っていたら、大変な労働時間になります。

これらの仕事は手放して、AIにできない仕事をするわけです。

手を動かす仕事から、頭を使う仕事へ。例えば、管理会計や精度の高い資金繰り、損益分岐点売上高の計算などを行っていく。さらに、AIを使いこなし、経理面から新たな仕事を生み出すなどのクリエイティブな仕事も行っていけます。

AIによって仕事を奪われるのではなく、AIのお陰で、AIを使いこなすことで、時間短縮し、クリエイティブな仕事に集中することができるのです。

「経理はすべての職種において必要な知識」というのが私の持論です。

建設会社を例にとると、経理職はもちろん、財務は資金繰りの計算のため、人事は配置先の人件費を考えるうえで、総務は社会保険の計算のために経理の知識が必要です。

土木や建築を中心とした現場担当者は、原価管理、予算管理、実行予算作成のため、積算担当は入札金額を計算するために必要です。

営業は得意先が危機的状況にないか、掛代金は回収できるのかなど、経営状況を知るためにも経理の知識が必要になります。

経理以外の管理職も、各部署の予算管理のために必要です。

もしあなたが経営者や役員なら、経営に集中するために経理はスペシャリストに任せることも重要です。しかし、各担当者たちの話を理解し、会社をよい方向に導くために最低限の経理知識を身につけることは必要です。正しい決断をし、社員やその家族を守っていくのが使命だからです。

経理は必要な知識であり、会社組織を継続していくためには永遠になくならない分野なのです。

最後になりましたが、出版にあたり、ご協力いただいた多くの方々に、この場を借りて御礼申し上げます。

明日香出版社の藤田知子さん。藤田さんから、「ＡＩ時代を生き残るヒント！そして経理業務のノウハウのみならず、経営的視点をもって効率よく働く方法、他部署とうまく連携し、数字全般を分析し、経営者に提言できるスーパー経理パーソンになる方法を書いてください！」と熱く語っていただき、ありがとうございます。

お陰様で、明確なイメージをもって書き上げることができました。

グリットコンサルティング代表の野口雄志社長、アレルド代表の細谷知司社長、いつも背中を押していただき、ありがとうございます。

田舎のお母さん。遠くからでも健康を気遣い、応援してくれて、ありがとう。

真理、いつも家のことを守ってくれて、ありがとう。

天聖、凜、ふたりとも、そろそろ社会人。ＡＩと共存する明るい未来になるよう、「今の大人がしっかりしないとな」と、思っています。


そして最後にもう一度。

この本を読んでくださったあなた。

この本に出合い、経理パーソンの道を究めるヒントになっていたら、嬉しいです。

石川和男

経理の一流、二流、三流

2024年 3 月19日 初版発行
2024年10月11日 第7刷発行

著者 石川和男
発行者 石野栄一
発行 明日香出版社
〒112-0005 東京都文京区水道2-11-5
電話 03-5395-7650
https://www.asuka-g.co.jp
装丁 小口翔平・青山風音（tobufune）
カバーイラスト 山崎真理子
本文組版 末吉喜美
校正 共同制作社
印刷・製本 中央精版印刷株式会社

ISBN 978-4-7569-2321-9

著者
石川和男（いしかわ・かずお）
合格率ナンバーワン簿記講師、税理士、建設会社総務経理担当役員
明治大学客員研究員、一般社団法人　国際キャリア教育協会理事
1968年　北海道生まれ、埼玉県在住

「偏差値30、名前さえ書けば全員合格」と言われた高校・大学を卒業後、建設会社に入社。経理部に配属されるが、簿記の知識はゼロ。毎日叱られ怒鳴られ、意志の弱さから毎日飲み歩き遊びまくりの生活を続け、気づいたときには30代に。そんな怠惰な生活のなか不安を打ち消すために日商簿記3級の勉強を始める。その後、日商簿記2級、宅地建物取引業主任者試験、建設業経理士1級と、難易度を上げながらなんとか合格。

建設会社退職後、税理士試験に挑戦するも2年で一度挫折。しかし、通っていた大手専門学校で講師として採用される。当時35歳という年齢での採用は異例の抜擢。はじめて受け持った担当クラスが全員合格。偏差値30から教える立場になったという経歴から、理解できない気持ちが理解できる講師と評判になり人気講師に。

また、建設業経理事務士や宅地建物取引業主任者資格を持っていたため建設会社にも就職。2年間の無職生活から、土日は専門学校の講師、平日は建設会社の総務経理を担当するまでに。最終的に、3年間休止していた税理士試験に再度挑戦し合格。

偏差値30の全員合格の高校を卒業してから35年目の現在、税理士、建設会社で総務経理を担当しながら、簿記講師として全国各地でセミナーを開催している。

著書は、『会計の用語図鑑』（KADOKAWA）、『決算書は、「ここ」しか読まない』（PHP研究所）、『「残業しないチーム」と「残業だらけチーム」の習慣』（明日香出版社）など、累計28冊。

本書の著者が書きました

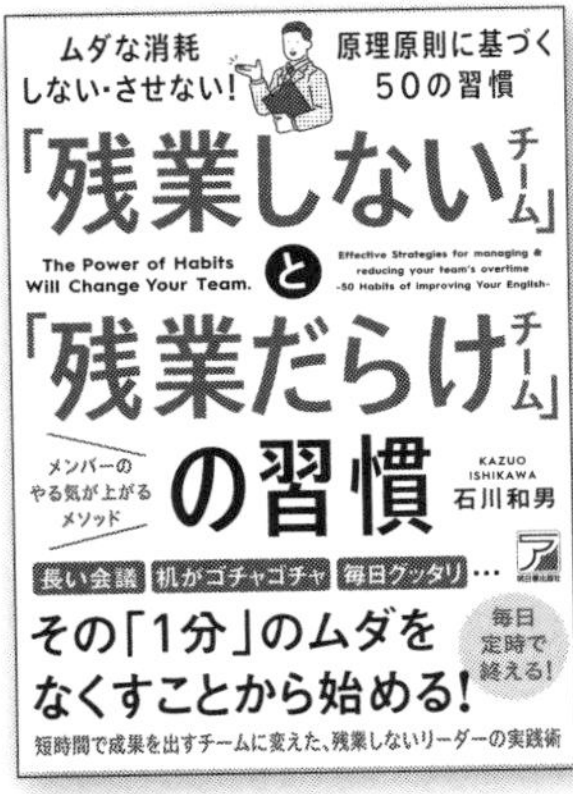

「残業しない
チーム」と
「残業だらけ
チーム」の習慣

石川　和男・著

1500円（＋税）
2017年発行
ISBN978-4-7569-1929-8

残業しない、させない、さっさと帰る

ワークライフバランスを考え、仕事もプライベートも充実させるが今の働き方の王道です。

しかし、だらだらと働いて毎日遅くまで残っている部下、「忙しい」が口癖の自分（上司）。

どうすればチームが変われるのかを 50 項目でまとめました。